跟老婆一起带孩子做游戏

英国前突击队员、明星奶爸亲身传授亲子游戏的秘密

［英］尼尔·辛克莱（Neil Sinclair）◎著　汪莹◎译

COMMANDO DAD
Mission Adventure

中国友谊出版公司

图书在版编目（ＣＩＰ）数据

跟老婆一起带孩子做游戏 / （英）尼尔·辛克莱著；
汪莹译. -- 北京：中国友谊出版公司，2018.1
　书名原文: Commando Dad: Basic Training
　ISBN 978-7-5057-4159-1

　Ⅰ.①跟… Ⅱ.①尼…②汪… Ⅲ.①游戏课–学前
教育–教学参考资料 Ⅳ.①G613.7

中国版本图书馆 CIP 数据核字（2017）第 196434 号

著作权合同登记　图字：01-2017-7101
COMMANDO DAD Ⓒ2012 by NEIL SINCLAIR
Simplified Chinese Language edition published in agreement with Summers-
dale Publishers through The Artemis Agency.
All rights reserved.

书名	跟老婆一起带孩子做游戏
作者	［英］尼尔·辛克莱
译者	汪　莹
出版	中国友谊出版公司
发行	中国友谊出版公司
经销	新华书店
印刷	北京市兆成印刷有限责任公司
规格	880×1230 毫米　32 开
	8 印张　180 千字
版次	2018 年 1 月第 1 版
印次	2018 年 1 月第 1 次印刷
书号	ISBN 978-7-5057-4159-1
定价	39.80 元
地址	北京市朝阳区西坝河南里 17 号楼
邮编	100028
电话	（010）64668676

作者介绍

拍摄：Kate Waldock

尼尔·辛克莱：退役突击队员，现在是专业育儿员，以及三个孩子的全职爸爸！

他是畅销育儿书系《跟老婆一起带孩子》的作者，现居德比郡。

目　录

第一部分　大本营探险

第一章　大本营任务

第二章　花园任务

第三章　厨房任务

第二部分　路上探险

第三部分　户外探险

第四章　丛林任务

第四部分　制作探险

序　言

萨缪尔·辛克莱，14 岁

爸爸问我愿不愿意为这本书里的探险经历写几句话，我当然愿意。回想起和爸爸妈妈、弟弟妹妹一起经历的冒险，只有一个词可以概括我的感受：幸运。只是小的时候，我意识不到自己有多幸运。人们总是问爸爸什么时候为青少年写一本书，所以我想现在正是我回报爸爸的时刻。哈哈。

裘德·辛克莱，13 岁

随着我和兄弟姐妹慢慢长大，我们和爸妈相处的时间反而越来越少，和朋友待在一起的时间越来越长。我们每个人都是这样，所以现在我们和爸妈相处的时间十分宝贵。我刚 13 岁，爸妈的爱一直令我惊叹不已。如何让这短暂而弥足珍贵的亲子时间过得有意义，这本书肯定能为你提供一些不错的点子。爸爸妈妈跟我讲过好几次，仿佛上个礼拜我还睡在他们的臂弯里。再过 13 年，谁知道我们又会在做什么呢？但这正是有趣之处。小孩渐渐长大，你每天都能和他们分享新鲜经历，这才是最重要的。

利伯蒂·辛克莱，13 岁

爸爸妈妈经常带我去冒险。太好玩了！我最喜欢去公园。我喜欢爬树，单杠是我的最爱。我太喜欢爬单杠了，现在我在俱乐部里也是玩单杠。只要是你孩子喜欢的户外运动，就尽量带他们去玩。保持身体健康是生命中最重要的事情之一。我的爸爸妈妈花了大量的时间和精力，让我坚持户外运动，同时，让我在运动中找到乐趣。他们是最好的爸爸妈妈。谢谢你阅读我的建议。再见。

作者的话

我是一名全职爸爸。我参与了我家"宝宝兵"的整个童年，我亲自尝试并测试过本书列出的全部活动。我希望这些活动对你有所帮助，并且能启发你找到自己的探险活动。

介　绍

全天下的爸爸们，探险伙伴们：这本书正是为你而写，你需要重拾活力。还记得儿时，无时无刻不在期待冒险的心情吗？第二天起床发现下雪而欢喜雀跃？或者找到无人秋千时的兴奋不已？或者搭建一个小屋后的成就感？是什么改变了？因为你长大了。

现在，你的"宝宝兵"正时刻经历这样的变化。要知道，自他们出生起不足 7000 天，18 岁的他们就长大成人，开始进入社会了。

所以《任务探险》第一条：

> **成人的行事风格并不适用所有场合。**

显然，对关乎你自己和"宝宝兵"的安全、卫生和健康问题，你需要承担起成年人的责任。在现代社会，几乎所有的场合都要求你行事成熟，但也无须时刻如此。我呼吁你重新唤醒内心的冒险精神。如果你教导"宝宝兵"生活充满了快乐和冒险，即使成年人亦是如此，那么你不仅为他们带来快乐，还培养了他们的沟通能力、创造能力和团队精神等其他重要的全方位能力，同时也教会了他们找到通往成功未来的途径。玩耍和冒险不仅是小孩子的天性，也是成年人释放压力和团队建设的重要方式。

我在突击队参加"沙漠风暴行动"时，我和战友们突遇狙击手。幸运的是，我们没有受伤。回到营地后，我们非但没有对此感到后怕。反而，大家都拿我们开玩笑，我们遇到的应该是伊拉克最蹩脚的狙击手吧。这样一来，我们可以对此付之一笑，排除压力，减少焦虑，第二天起床后，仍旧能够高效地完成工作。

如果上述理由还不够，那么你可以这样想：你正在为培养下一代的突击队员父母奠定基础。

我现在说的"冒险"，并不一定是指你需要攀登艾格尔山峰（我曾经攀登过艾格尔山，但是我不会推荐它作为第一个冒险活动）。冒险不一定需要花钱（书里的活动大都不需要花钱，仅需付出时间），也不需要特殊装备。冒险处处可寻，走路上学可以变成一次"间谍任务"或者"跟着我来做"的游戏。而且别忘了，童年充满各种机会，让"宝宝兵"体验生命中的每个第一次，初次体验本身就是一次探险，比如：骑自行车、游泳、现场观看运动比赛（如果是指挥官你打的比赛，那将会更棒）或者观看现场音乐会、在海里玩水或赶火车等。

你还可以带孩子们做一些传统的冒险活动，比如搭建一个小窝、野外生火，或者在潮水潭里探险。这不仅可以让你的"宝宝兵"体验冒险（在你可以掌控的安全环境里），也可以增强他们的自信心和自主能力。但是首先：

你需要为你的"探险武器库"补给武器。

本书可以助你一臂之力。在书里，你可以找到许多和"宝宝兵"一起探险玩耍的好方法和技巧。作为一名老师和儿童保健员，我和我自己的三个孩子都亲身尝试过这些活动。孩子们都很宽容，我相信你的孩子也会如此。实际上，一次"成功"的冒险，需要爸爸积极参与，和孩子们一起探险，全心全意地投入到当前活动，那么你就是他们的英雄。有了你的加入，平常的活动都会转变成神奇的探险之旅，肯定不会失败。

现在，我们生活繁忙，做到全神贯注不分心是一件很难的事情。但是我保证如果你能分出时间陪伴"宝宝兵"，一定会有所回报。因为：

"探险武器库"里最有用的工具就是父亲一心一意的陪伴。

当然，探险的时候难免会遭遇挫折，偶尔也会失败。比如无法控制的天气，无法找到你所需的材料，还有其他大大小小的困难。但这都是教导"宝宝兵"如何面对挫败的好机会。他们需要了解失败是每一个事业取得成功的重要组成部分。想象一下啊，如果他们第一次跌倒，就决定放弃学习走路！当他们遇到挑战，你应给予鼓励和帮助，但是不要代替他们完成，让他们自己接受挑战吧！最后当他们终于战胜了看似很难的挑战，那种感觉会多么美妙！这不仅有助于培养孩子的毅力，这种重要的品质可以一直延续到他们成年。

事实上，你和"宝宝兵"待在一起的时间非常短暂。为了你自己，也为了你的"宝宝兵"，尽可能让那些时光充满乐趣和冒险吧。你可以把它当作一次重回童年的好机会（某些情况下，你甚至可以打造属于你的梦想童年），而且这次将会更棒，因为一切由你掌控。

让我们开始冒险吧！

使用指南

本书是写给那些正在和"初级宝宝兵"（JT，大概 5 ~ 9 岁）和"高级宝宝兵"（AT，大概 9 ~ 12 岁）一起在"现场"积极探险的爸爸们。我尽可能安排了各种适合小学学龄儿童（5 ~ 12 岁）的活动。但是，你最了解"宝宝兵"的兴趣爱好与能力，你可能发现他们适合一些超出他们年龄范围的活动。只需牢记一点，运用突击队员爸爸的常识，在确保"宝宝兵"安全的前提下，让他们尽情参与各种冒险吧。

本书并不是用来指导你和"宝宝兵"进行的每一次探险，而是旨在抛砖引玉，提供一些点子帮助你开启冒险之旅。书中列出的每个探险任务都包含以下部分：任务简介（简要介绍活动的内容）、任务要点［难度级别（靴子符号）、费用（英镑符号），以及适合的年龄（初级士兵等）］。同时还配有一个工具清单列出所需的材料，以及"已完成任务"栏，以供"宝宝兵"签上大名。我呼吁大家带着自己的"宝宝兵"多多地去探险，因为他们很快就长大了。相信我，未来你一定很高兴记录了当年和孩子们一次次的探险经历。

有时，我会在育儿场景中使用一些术语，因此书的后面配有一份简短的术语表。

"宝宝兵"的基本任务探险装备

　　基本任务探险装备并不是必备之物，但是我发现"宝宝兵"特别喜欢带着他们的小工具箱执行探险任务。

　　推荐的清单如下：

　　根据你家庭部队所计划的任务，可以按需增减（但务必提醒"宝宝兵"不要携带太多行李。一个沉甸甸的背包也会成为沉重的负担）。

- 任务冒险时用的背包（30cm × 30cm × 10cm），大约 10 升容量

- 尼龙绳索（15m）

- 防水油布（180cm × 240cm）

- 8 个钢钉（19 cm）

- 迷彩涂料（迷彩霜）用来伪装

- 带指南针的哨子

- 水杯

- 装零食的容器

- 空塑料袋（多用途）

突击队员爸爸的基本任务探险装备

　　每次离开大本营出去探险，最好把"突击队员爸爸的基本任务探险装备"按需调整，整装待发！

　　以下清单仅供你参考，你可以根据每次的任务和"宝宝兵"的数量进行修改。

- 工具清单：确保你在心里（或用实物）勾上这次行动所需的每一个工具。周密计划和精心准备可以避免糟糕的育儿经历，你也不希望到达目的地后，却发现把一个重要的工具落在大本营。

- 合适的衣服：按照任务和天气预报携带合适的衣物。其中应包括防水上衣和裤子，手套，帽子，防晒霜以及唇膏。
- 零食和水。
- 折刀：如有需要。但请参考书的背面"有用的资源"中的"刀和法律"相关信息。
- 卫生防护：湿纸巾、手消毒液和塑料袋（用来装垃圾、湿衣服，坐在上面等等）
- 防水的笔记本和铅笔。
- 充满电的手机：出外探险时，万一需要打电话求援。
- 急救箱：

① 小儿乙酰氨基酚和布洛芬的小药囊。服药前请查看标签以确保"宝宝兵"符合体重和年龄要求。

② 各种膏药。根据"宝宝兵"的年龄，准备颜色丰富鲜艳的膏药，因为这对伤口的愈合有着奇迹般的疗效。

③ 创可贴。

④ 消毒膏药，也可用于虫子叮咬。

⑤ 消毒湿纸巾。

⑥ 镊子。用来取出碎片等等。

⑦ 剪刀。用来剪创可贴、绷带、尼龙绳等等。

急救箱增加其他有用物品（按需购买）：

⑧冷敷袋。给"宝宝兵"探险时碰伤和擦伤冷敷。

⑨生理盐溶液和眼药水。万一你的"宝宝兵"眼里进入灰尘或沙砾。

第一部分
大本营探险

第一章

大本营任务

任务 1：

搭建室内大本营

任务简介

- **场地**：家里"交通少"的区域。
- **场景**：地板上需要有足够的空间搭建一个小屋。
- **任务**：搭建一个室内大本营，装饰后在里面探险。
- **时间**：搭建小屋至少需要 30 分钟。

任务要点

工具清单：

❶ "帐篷"：床单、桌布、毛巾、毯子。

❷ 支撑：沙发、扶椅、桌子后背。

❸ 如有需要，用重的物体来固定帐篷：门挡、书、食物罐子。

④大本营的床：枕头、羽绒被、毯子、睡袋。

⑤活动用品：拍照用的电话/照相机、收音机、对讲机、书。

⑥配给食物：事先准备好食物。带一些健康且不易留污渍的食物，如瓶装水、胡萝卜条、葡萄、脆饼、燕麦蛋糕、饼干。如果制作三明治，可以使用火腿和奶酪馅料，要避免容易弄得脏兮兮的馅料（比如果酱、巧克力酱或者磨碎的干酪）。

⑦照明：火炬或者电动蜡烛，如果有的话。

招待其他"宝宝兵"部队的好活动。

操作指南：

❶寻找工具：在大本营部署"宝宝兵"，确保每人手里有一个小的工具清单，然后根据清单去寻找工具。这样可以避免出现争抢吵架的情况。

❷搭建营地：视你的资源和"宝宝兵"人数而定。注意："宝宝兵"年龄越小，搭建时越容易失去耐心，请根据具体情况进行调整。保险的做法就是在餐桌上面铺几张床单，或者在沙发

后面铺一个床单。

❸**给每个"宝宝兵"都布置一个任务：**发挥你的创造力，即便是让他们把垫子套取下来，再去拿一趟材料，或者为大本营做一个名牌等。

❹**小屋搭建好后，爬进去做一些必要的调整。**

❺**准备一到两个适合他们年龄的活动：**最好是大家可以轮流玩的游戏，这将有助于进一步增进搭建营地建立起来的友情。大本营里最流行的游戏包括讲鬼故事，讲怪物故事，贴纸条游戏，即在每个人的头上贴上一个名字，通过回答是/否的问题来猜猜我是谁。我们猜亲朋好友，而不猜名人。你的"宝宝兵"可能对家人朋友更了解，所以方便他们提问。他们看待世界的方式一定会让你大吃一惊。

❻**安排一个"独立日"：**你可能不想一直都待在大本营，可以为年龄大一点的"宝宝兵"安排一个"独立日"，但是刚开始的时候大家都喜欢窝在一块。不要让他们跑远，或许可以让他们在大本营周边短距离出行。

❼**清理：**最后，把帐篷收起来，所有"宝宝兵"都必须帮忙。

营地条律

应该做：

- 让"宝宝兵"积极参与，听取他们的建议。不断尝试和犯错是学习的好方法。
- 使用容易清洗的材料，以减少后勤工作。
- 允许孩子们在大本营吃掉配给食物。
- 如果"宝宝兵"年龄大点，可以安排他们在房子周边短距离出行。

不应该做：

- 禁止携带易燃烧或者尖锐的物品进入大本营。
- 禁止在大本营顶部用重物固定，以免掉下来砸到里面的人。
- 禁止携带任何易碎品。
- 小屋里面不准同时进入太多"宝宝兵"，因为总会发生争吵。

已完成任务

　　特此证明：于_____（日期），我和突击队员爸爸一起搭建大本营，并在大本营里进行探险。

　　签名：_____

任务2:

寻宝游戏

任务简介

- **地点**:大本营所有的区域以及周边。
- **场景**:房间里人数较少时效果最好,这样避免交火时其他人无辜遭殃。
- **任务**:根据线索找到目标。
- **时间**:最好规定10分钟找一个目标。

任务要点

工具清单:

❶ "宝宝兵"需要寻找的目标(宝物),视年龄而定,但是我试过效果最好的目标包括:

- 票:如果你准备了惊喜,这将是营造气氛的好方法。
- 和他们兴趣爱好相关的物品,尤其是某个收藏品。

- 书籍/故事 CD（从图书馆借）。
- 圣诞节装饰物。
- 复活节鸡蛋（当然是在复活节）。

❷衣服和道具：如果"宝宝兵"正处于喜欢装扮的年龄，就让他们化装。如果不是，则不要强迫他们，否则他们会觉得不好意思。我们演过鱼、警察、超级英雄、皇室成员以及卡通人物，当然，我一直想扮演士兵。

❸线索：给自己足够的时间想出一些不错的线索。

操作指南：

❶**制作线索**：把线索写在纸条上藏好，或者直接写在物品上。比如麦片盒子、用完的卫生卷纸、冰箱（使用冰箱磁铁）、杂志、镜子（"宝宝兵"需要向镜子哈气，线索才能显现）或者用粉笔写在室外的路面上。显然，你需要根据"宝宝兵"的能力，来决定线索的复杂程度。

- 对于年龄较大的"宝宝兵"，准备的线索需要放到镜子上才能显示；或者使用隐形墨水（参考"厨房任务之任务13：制作隐形墨水"），需要涂上颜色或者用吹风机加热后信息才能显示。
- 对于年龄较小的"宝宝兵"，图片线索或者押韵线索更适合。
- 照片，特别是特写或者从独特角度拍摄的照片，可以制作成很好的线索（你可以在电子设备上播放照片）。

❷需要使用"宝宝兵"刚学会的技能：比如使用指南针找到正北方向（参考"开阔的室外任务之任务32：认识指南针"）或者辨认时间的能力。

❸尽可能多地安排一些运动项目（PE）：特别是如果你外面有块空地，尽量让孩子们运动起来。比如，线索间隔距离远一点、让"宝宝兵"爬树、在网下面爬过去等等。

❹制定规则：制定游戏规则时，需要考虑它是否易于小朋友遵守。比如，如果线索藏在卧室，需要小朋友追踪到底层，那么禁止在楼梯上跑来跑去的规则没有意义。切记你需要向"宝宝兵"介绍"安全边界"，即告诉"宝宝兵"超出游戏范围的地方，比如厨房的碗柜、冰箱、车库等。

❺确保游戏前每个人都了解游戏规则。你可以叫"宝宝兵"给你复述一到两条规则。倾听、理解，并且遵守游戏规则是成功探险和确保安全的关键。

❻灵活变通：也许他们需要你的帮助才能找到线索。他们可能把顺序弄错，或者有些线索找不到（比如有一次，我把一个线索装进一个透明的塑料袋里，然后放进戏水池，但是它却因为进水而沉入了池底）。请牢记一点，游戏的目的是让大家玩得开心。

7 **清理**：游戏结束后，部署"宝宝兵"进行打扫清理。

年龄稍大的"宝宝兵"可以帮助你为年龄较小的"宝宝兵"设计游戏以及游戏规则。

营地条律

应该做：

- 第一个线索应该最简单，这样人人都能参与。
- 发挥你的创造力。如果线索太容易找到，那游戏很快就结束了。好的隐藏地点包括鞋子下面，折好塞进卫生纸里、储钱罐里，夹在书页里，粘贴在碗柜门的里面等等。
- 让"宝宝兵"将线索朗读出来。
- 确保寻宝结束后有奖品，而且奖品丰盛，够分给每一个参加寻宝的"宝宝兵"。

不应该做：

- 参与游戏的小孩人数不宜过多。如果没有办法，你可以把"宝宝兵"分成小队，鼓励他们团队合作，以避免出现争抢吵架的情况。
- 线索不宜过多，尤其是对于年龄较小的"宝宝兵"。8 条线索对我来说刚刚好，你也会找到最适合你的"宝宝兵"的线索个数。

已完成任务

特此证明：于_____（日期），我和突击队员爸爸寻找目标，并且最终捕获目标。

签名：_____

任务3：

学习打绳结

任务简介

- **地点：** 制作一个模板，这样可以在任何地方练习打结（参考"制作探险之任务44：制作打绳结的模板"）。

- **场景：** 场景不限。

- **任务：** 学会并使用4种重要的绳结。

- **时间：** "宝宝兵"可以练习数个小时。

任务要点

工具清单：

❶不同长度的尼龙绳或者细绳子。

注意：

供"宝宝兵"学习的四种非常有用的绳结：

- 反手结或者拇指结

- 8 字结
- 平结或方结
- 单套结

第一步：了解绳子的结构

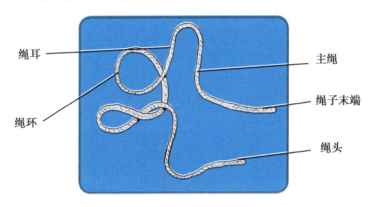

绳耳

绳环

主绳

绳子末端

绳头

❶绳头：用来打结的绳子一端。

❷绳子末端：绳头相反的另一端。

❸主绳：绳子两头中间的绳段，可以是绳结里面使用过的任何一段绳子。

❹绳环：把绳子翻转过来，和绳子末端交叉形成一个环。

❺绳耳：把绳子翻转过来，不用和绳子末端交叉形成一个环。

反手结或者拇指结

　　最简单的绳结（系在绳末），打法简单快速，经常用作一条绳上的一个中止。最适合第一次学习，因为它是所有复杂绳结的基础。

操作指南：

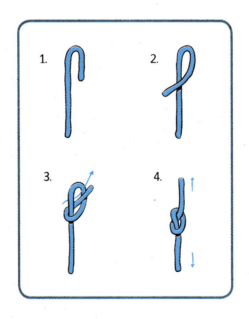

❶顺时针方向将绳头和绳子末端交叉，**形成一个单结环。**

❷将绳头从下面穿过绳环，**打一个反手结**。穿过足够长的绳子，将绳结拉紧。

8字结

8字结是最结实的中止绳结，在绳子末端形成一个结实、防滑的绳圈。常用于登山，不仅结实，而且容易检查。

学一首儿歌帮你学会打8字结："转一圈，转两圈，穿过去，打好结。"

操作指南：

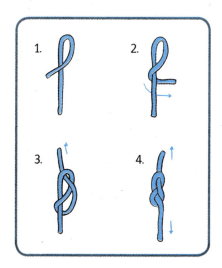

❶**转一圈**：绳头打一个绳环，然后逆时针转一圈。

❷**转两圈**：逆时针再转一圈。

❸**穿过去**：将绳头穿过绳环，并拉紧两端，绳结就打好了。

❹**打好结：**拉绳子的任何一端，将绳结整理得更漂亮。

平结或方结

将同一条绳的两端绑在一起，适用于连接同样粗细，同样材质的绳索。用于固定，不易滑动。和布料系在一起是平的结，所以非常适用于绑绷带。

学一首儿歌，帮助你学会打方结："左端下右端上，绕下去，再来，右端下左端上，绕下去。"

操作指南：

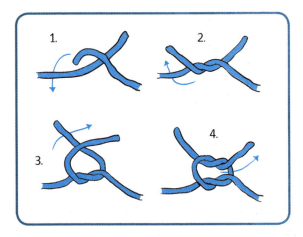

❶**将绳头左端放在右端下面。**

❷把绳头上部转一圈，压下去然后再转回到前面。

❸绳子两端交叉，右端放在左端下面。

❹把绳头上部转一圈，然后从形成的绳环里穿过去。

❺拉绳子的两端，将绳结整理得更漂亮。

单套结

单套结常用于绳与绳、绳与环临时连接。打法简单，牢固，松解也简单，是最有用的绳结之一。常用于秋千座椅的固定，以及高空作业时的临时安全带。

学一首儿歌帮助你学会打单套结："兔子洞穿过，大树绕一圈，穿进兔子洞，成功打个结。"

操作指南：

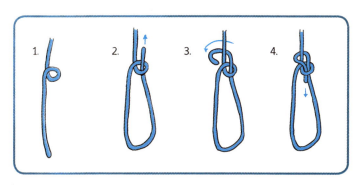

❶打一个"兔子洞"：将绳头和绳端交叉，形成一个"b"形

的绳环。

❷**兔子洞穿过**：将绳头从形成的圈中从下往上穿过。

❸**大树绕一圈**：将绳头绕着绳子末端的后面转一圈。

❹**穿进兔子洞，成功打个结**：将绳头再从绳圈中穿下去，拉紧绳结。

已完成任务

特此证明：于＿＿＿＿＿＿＿（日期），我开始和突击队员爸爸学习打绳结。

签名：＿＿＿＿＿＿＿

第二章

花园任务

任务4：

小动物探秘

任务简介

- **地点**：花园或者迷你小动物的其他可能栖息地，比如公园、丛林和操场上。
- **场景**：在不同的地点或不同的季节，可能会发现不同的昆虫。
- **任务**：发现并识别小动物，但是不要捕捉它们。
- **时间**：游戏时间可自行决定。

任务要点

工具清单：

❶照相机：如果有的话，"宝宝兵"回到大本营后可以用来继续观察小动物。

❷纸和笔：为喜爱艺术的"宝宝兵"准备（最好准备一些支

撑之物，比如画板）。

❸小昆虫识别图：除了本章提供的"小动物识别图"之外，你可以在网络上下载其他很棒的动物图。

❹双筒望远镜：如果有的话，可以带上。虽然这不是必备之物，但是很受孩子们欢迎。

❺放大镜：如果有的话，可以带上。但切记不要在晴天直接对着小动物，以免灼伤它们。

❻驱虫剂：如果你的花园里聚集了大量会叮咬人的昆虫。

❼湿纸巾和手消毒液：在大本营外面，触碰完小动物用于清洁双手。

操作指南：

❶确保每个人都明白：获得允许可以和小动物玩以后，"宝宝兵"必须轻柔地对待它们，并且将它们放回原处。如果你发现会叮咬人的小动物，告诉"宝宝兵"这是什么，并向他们解释不能触碰的原因。

❷学大卫·爱登堡——《动物世界》的主持人那种轻柔的说话声，鼓励"宝宝兵"也这样做。当然，大声吵闹对小虫子没有影响，但轻柔地说话可以避免惊吓到其他的野生动物。同时，这

样做可以让孩子们满怀期待。

❸走路轻轻地，慢慢地，不要猛然一动。

❹准备听到"宝宝兵"厌恶或喜悦的尖叫。

❺如果你害怕，也不要在"宝宝兵"面前显露出来。"宝宝兵"会察觉到你的焦虑。如果你害怕小动物，孩子们也会跟你学习。

❻破除一些关于小动物的误解。蜜蜂虽然是爱叮咬人的动物，但也是主要的花粉传播者。没有蜜蜂，许多植物和庄稼（包括我们吃的农作物）都无法生存；虽然苍蝇很讨厌，但是它们在花园里辛勤劳作，传播花粉，并帮助处理腐烂废料，它们还是鸟类、青蛙、蜘蛛等昆虫的富含蛋白质的食物；蚯蚓不是体型较小的黏糊糊的蛇，它们将废物转变成营养丰富的土壤，乃"大自然之犁"。

❼寻找印迹。湿答答的土地或者雪地是寻找动物足迹的好机会。

❽拍照并且画画。用于辨别小动物以及它们的印迹。

---

i 注意：

　　使用 26 ~ 27 页的"小动物识别图"，帮助"宝宝兵"将发现记录下来。

花园里找到小动物的好地点包括：

- 任何种类的花卉或植物里面/附近，包括窗台、盆栽植物以及吊篮里面的花卉或植物。
- 任何类型的遮蔽所里面/附近，包括鸟窝、工棚和建筑物的屋檐、木堆或者叶子。
- 任何水源里面/附近，包括鸟池、池塘、水桶。不要忘记"宝宝兵的边界"，没有突击队员爸爸的陪同，任何人禁止靠近水源。
- 棚子里面。
- 肥料堆里面。
- 篱笆或灌木丛里面。
- 长长的草丛里。
- 石头和砖头下面。别忘了给宝宝兵做"安全边界简报"，提醒他们不要在很大的石头底下寻找。而且，搬重物必须找突击队员爸爸帮忙。
- 小动物探秘结束后，别忘了把手彻底洗干净。

小动物识别图

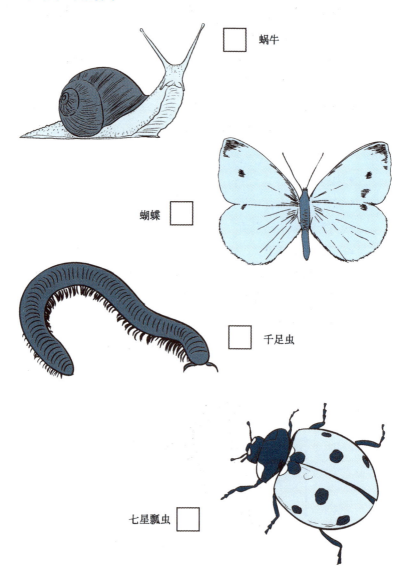

蜗牛 ☐

蝴蝶 ☐

☐ 千足虫

七星瓢虫 ☐

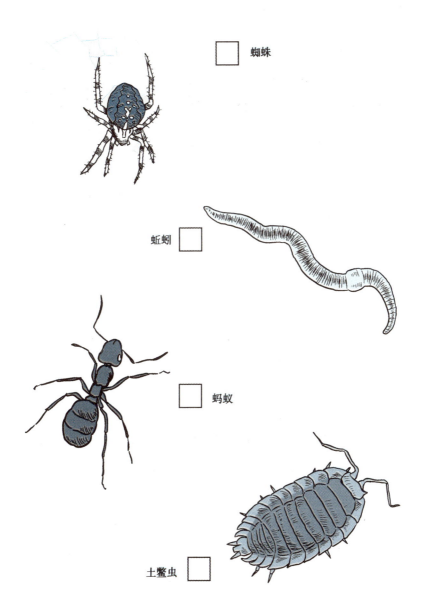

蜘蛛

蚯蚓

蚂蚁

土鳖虫

大多数的虫子叮咬会引起轻微的不适反应，应该如何处理。如果"宝宝兵"出现更严重的反应，又应该如何处理。关于上述详细信息，请及时寻求医生帮助。

让你的花园变得适宜小动物生活

 警告：

年龄小一点的"宝宝兵"在水边玩耍时，请确保所有的池塘都盖好了安全网。

如果你的"宝宝兵"喜爱观察小动物，他们可能想采取一些简单的步骤，以吸引更多的小动物来到花园：

❶提供遮蔽所。

- 如果你擅长园艺，你和"宝宝兵"可以种植植物来吸引小动物，为其提供遮蔽所和食物。果树是哺乳动物、鸟类和昆虫的最爱。而有香气的花朵比如薰衣草、风信子或蒲公英则会吸引蝴蝶和蜜蜂。

- 如果你不擅长园艺，木头堆或者石头堆也会吸引各种昆虫，比如土鳖虫、蜘蛛和甲虫。这些无须维护，或者让你的一部分花园"野长"，它很快就会被野草野花占领。

- 肥料堆可以为蚯蚓提供遮蔽所，同时也可以减少废料。

❷**提供食物**。首先了解你想吸引什么小动物进入你的花园，以及它们主要吃什么，比如：

- 你可以为鸟类购买各种食物，但依我的经验，黄粉虫会将任何花园转变成电影《鸟类》里的场景。
- 蝙蝠吃蛾。可通过有强烈香气的花朵将其吸引到你的花园。
- 不要在外面给刺猬留牛奶，这会让它们生病，可以用自来水代替。

❸**提供水**。

- 池塘，水桶或者一碗水都是有用的水源。

已完成任务

特此证明：于_____（日期），我和突击队员爸爸一起进行小动物探秘。

签名：_____

任务5:

花园突击训练课程

任务简介

- **地点：**花园。
- **场景：**干燥的天气，踩在脚下地面是干燥的。
- **任务：**成功完成花园突击课程。
- **时间：**根据课程难度而定。请记住如果计时的话，"宝宝兵"很可能想提高自己的记录，不可能只做一次。

任务要点

JT AT

工具清单：

❶突击课程设置障碍物。显然，这取决于"宝宝兵"的能力和可用的空间。按照你的大本营里已有的，并且是容易找到的物品，以下有几个点子供你参考。

- 梯子：将梯子平放在草坪上（如果是木梯，注意碎片），然后"宝宝兵"可以用"兔子跳"一节一节跳过去或者跑过去。

- 呼啦圈:"宝宝兵"需要拿起呼啦圈,然后转几个整圈。

- 跳绳:"宝宝兵"完成一套指定的跳绳动作,或者可以放在地面上走钢丝。

- 突击队员爬行:"宝宝兵"必须把肚皮贴在草地上,从铺在草地上的床单下面爬过去(就像在传统的突击课程中使用的吊货网)。

- 平衡木:可以使用一块木板让"宝宝兵"走过去。对于年龄稍大的"宝宝兵",可以稍微离开地面将木板安全地固定好,也可以使用砖头或轻型建筑用砖增加难度。记得事前先做一遍"突击队爸爸安全检查"。

- 球技:
  - 将一个球或多个球扔进桶里(根据"宝宝兵"的能力,使用大球或小球,距离也可以调整)。
  - 将球踢中你设定的"目标"(并不一定是传统意义的球网,可以用粉笔在黑板上画个 X,或者需要打翻的铁罐等等)。

- 鸡蛋和勺子游戏:"宝宝兵"必须将鸡蛋从 A 点运到 B 点,中途鸡蛋不能掉。如果你的花园够大,可以让他们举行比赛,但确保使用煮熟的鸡蛋!

- 水游戏:如果天气炎热,可以玩水。包括"咬苹果"游戏,从戏水池中穿过,或者用水和防水油布做成一个水上滑梯（用少许洗涤液使它更滑）。玩水总是最开心。

- 练习组：窗体顶端
- 运动组：跳跃运动，仰卧起坐和俯卧撑适合较小的空间。向前滚动，侧手翻更适合大一点的空间。

❷水和补给站：指定一个区域给"宝宝兵"喝水。

❸终点线：使用地上的一根棍子作为终点，"宝宝兵"喜欢有个目标。

❹哨子：用来宣布比赛开始。

❺秒表："宝宝兵"总是对自己完成任务所花的时间很感兴趣，可能想马上再来一次，提高自己的分数。

　　年龄大一点的"宝宝兵"可以帮助你一起设计和安排课程。同样，他们还可以进行试跑，确保一切都安全无误。

操作指南：

❶课程设计：包括你花园里的东西，如树木、秋千、矮墙以及所有的游戏设施（蹦床等）。

❷尽量混合不同能力的项目：各种平衡测试，敏捷性和速度测试等等。这不仅能够增加趣味，而且每个人都有机会玩自己最擅长的项目。

❸给花园进行"**突击队员爸爸安全检查**"，排除可能存在危险的障碍物。比如洞和锋利的边缘，这些障碍物在高速的情况下，都可能会导致"宝宝兵"受伤。

❹**搭建跑道以及饮水站。**

❺**第一个障碍设计得最简单。**

❻**解释规则**：确保"宝宝兵"了解游戏规则，最好你亲自或由年龄大一点的"宝宝兵"来演示一遍。

❼**比赛"正确"的开始方式**：可以是倒计时或吹口哨，或者喊"各就各位，预备开始!"。

❽尽可能参与你能加入的项目，但同时你必须密切关注大家的动向。

❾**如果你说过需要计时，那么就计时。**确保你或有其他人负责计时，因为最后"宝宝兵"会想知道自己的时间记录（精确到

十亿分之一秒）。

⓿鼓励"宝宝兵"：请记得为他们鼓掌加油，先完成的队员也需要这样做（以及所有的观众）。

⓫清理：比赛结束后，让"宝宝兵"帮助你清理干净。

已完成任务

特此证明： 于_____（日期），我和突击队员爸爸一起完成了高强度的突击队训练课程。

签名：_____

任务6：

躲避海绵游戏

任务简介

- **地点：**花园或任何空地。
- **场景：**暖和的晴天。注意这个游戏会很吵闹。
- **任务：**避免被打湿的海绵打中，同时用海绵去击中对方队员，将他们淘汰。
- **时间：**如果"宝宝兵"瞄得很准，游戏几分钟就能结束。但可能会玩好几次。

任务要点

JT　AT

工具清单：

❶水桶。

❷水。

❸如果可能，每个玩家一个海绵。

❹轻便的运动服（比如短裤/打底裤和 T 恤）或者泳衣，因为大家身上会变得很湿。如果邀请了其他部队的"宝宝兵"，确保他们知道这点，并携带一套备用衣物。

❺游戏的标记（任何东西都可用来标出以下区域，甚至摆个扫把也行）

- 一条中心线。
- "监狱区"，如果参加的人数超过两名。被淘汰的队员必须去那里待着。（见下图）

❻毛巾。

❼防水的防晒霜。太阳很晒的话，请记得多次涂抹。

> 为了减少用水，可以使用集雨桶里的水，或者使用戏水池里的水。

操作指南：

❶**画好场地：**一条中心线和两队的监狱。

B 队 的 监 狱	A 队	B 队	A 队 的 监 狱

❷将水桶放在中间线，但是放在靠边位置，以免被踢翻。这样"宝宝兵"需要打湿海绵的时候，可以轻松靠近水桶，但是后退时不会不小心碰到水桶。

❸制定游戏规则，并确保每个人都了解。下文是我使用过的游戏规则。请按照"宝宝兵"的年龄和能力进行修改。同时，不要害怕在游戏过程中随时调整。

❹将"宝宝兵"分成小组。尽量让他们势均力敌。我发现8人是玩这个游戏的最佳人数，尤其是你还需要密切关注孩子们的动向。

❺如果你可以参与，尽可能地加入游戏。每个人都喜欢用海绵击中突击队员爸爸。

❻如果可能的话，确保每一个"宝宝兵"都有一块海绵。

❼ 比赛"正确"的开始方式：倒计时，吹口哨，或者喊"各就各位，预备开始!"。

❽ 清理：比赛结束后，让"宝宝兵"帮你清理干净。如果"宝宝兵"身上有泥巴，而你花园里有一个水管，游戏结束后，你可以先用水管给他们冲冲，然后再给他们好好洗个澡。每次我喊"把手举起来，举得高高的"，我的"宝宝兵"可开心了。

营地条律

海绵游戏规则：

● 始终瞄准脑袋下面。故意违反这条规则的"宝宝兵"将被罚出局。

● 如果听到哨声，就必须停止游戏。

● 如果被海绵打中就出局了，必须来到"监狱区"。

● 如果一个玩家在游戏时捕抓到一块海绵，那其中一个队员就可以从"监狱区"出来，重新加入游戏。

● 每次手拿海绵的时间不能超过 10 秒钟（包括把海绵浸到桶里的时间），否则视为你的这一回合已经结束，你必须把海绵递给（不准扔给）对方队员。

● 如果最后只剩下两名队员，我喜欢让他们进行决斗。用掷硬币的方式决定谁先来，两名队员背靠背站在中心线，手里拿着海绵，然后朝着相反方向走十步，转身"射击"。

已完成任务

特此证明：于_____（日期），我和突击队员爸爸一起玩激烈的"躲避海绵"的游戏。

签名：_____

任务7：

水球炸弹游戏

任务简介

- **地点**：花园或任何空地。
- **场景**：暖和的晴天。注意这个游戏会很吵。
- **任务**：在爆炸之前，尽可能多次地接住水球炸弹。
- **时间**：取决于"宝宝兵"的技能以及可用的水球炸弹。

任务要点

£££££ JT AT

工具清单：

❶水球，你可以去正规的玩具店里购买小气球。

❷水。

❸弹药存储地：使用炸弹之前，用来存放的地方（一个水桶

或者洗碗桶都是不错的选择）。

❹手表：如果需要计时的话。

操作指南：

❶**准备水球炸弹**：如果有年龄稍大的"宝宝兵"，可以让他们帮忙准备。如果有户外水龙头的话，你只需将气球的开口对准水龙头，慢慢地放水，将水弹装满，最后使用拇指结把它系紧（见"大本营任务之任务3：打绳结"）。记住水不要装得过满，因为这样不仅很难扎紧，而且炸弹可能会"提前引爆"。

❷**将炸弹放到炸弹库里**。确保炸弹库里面装一部分水，这样可以减轻压力，避免水弹提前爆炸。

❸**确保玩家了解唯一的一条规则**。即水弹必须轻轻地扔给另一个玩家，而不是砸向对方。

❹**将玩家配对**。你可以：

- 让他们面对面。每个玩家必须后退一步，来回扔一次。如果炸弹没爆，他们必须再后退一步，再投掷一次，等等。
- 或者让他们间隔一定距离，从这个位置来回投掷水弹。

❺**向"宝宝兵"演示一遍扔球（从腋下抛）和接球的好方**

法，以便他们能够尽可能长时间地保持水弹不爆炸。

⑥ 如果你可以参与，加入他们。

⑦ 游戏中，你可以给炸弹保持不破的时间计时。或者让"宝宝兵"每次接到球后大声计数。

如果分组游戏，那么保持水弹不破的那队获胜。如果只剩下一组，谁把最后一个水球弄爆，谁就输了。

⑧ 清理。游戏结束后，让"宝宝兵"帮你清理干净。

> 切记不要把水球炸弹装水太满，或者使用温水，或者置于太阳下，这些都会增加爆炸的风险。

如何接住水球炸弹：

为了降低水球爆炸的可能性，你必须尽可能地减少冲击力。

- 用双手接球。
- 不要双手僵硬不动地去接球。保持手臂移动，如果可以的话，顺着与水球相同的行进轨迹去接球。
- 用手将球缓慢地停住。

水球炸弹的其他玩法：

- 水弹和长柄勺比赛：可以作为"花园突击课程"的升

级版。

- **打靶**：每个玩家都把自行车头盔戴上，将漏勺安装在头盔上面。大多数头盔配有通风孔，你可以用绳子或者天线穿过漏勺孔，然后将它尽量系紧。游戏目的是将尽可能多的水弹接到头盔里面，但是不能让它在头上炸掉。
- **使用毛巾抛球**。一队（或两名玩家）使用一条大毛巾将水球抛向另一支队伍，而另一队将其接住，保持水球不爆。
- 如果游戏结束后还剩下完好的水弹，你可以考虑"暂停"。即暂停其他所有的规则，每个人手拿一个水弹，瞄准一个目标，给他好好冲个凉。

已完成任务

特此证明：于_____（日期），我和突击队员爸爸抛出并接住"水球炸弹"。

签名：_____

任务8:

星空探险

任务简介

- **地点:** 花园,空地或者一个大公园。
- **场景:** 晴朗的夜空,污染尽可能少的地方。
- **任务:** 用星星寻找正北方向,或者精确一点,寻找北极星。
- **时间:** 30 分钟。

任务要点

工具清单:

❶火炬:走在野外空地时用来照明道路。

❷记事本和钢笔/铅笔 :把找到的星座画下来。

操作指南：

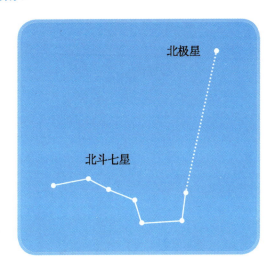

❶**找到北斗七星**：北斗七星由七颗星星组成。只要夜空晴朗，就容易辨认。

❷**找到斗口的最后两颗星**。然后，沿着一条直线向上寻找，将它们之间的距离延长 4 倍就能找到北极星。北极星正对着北极。

❸**朝着北极星的方向行进**。那就是正北方。

辨认北方的另一种方法：

还有一个星座——仙后座，可以帮助我们找到北极星。仙后座和北斗七星相对而坐，它们围着北极星相互绕转。因此，如果北斗七星位置很低或者模糊不清，仙后星座则高高挂在夜空。

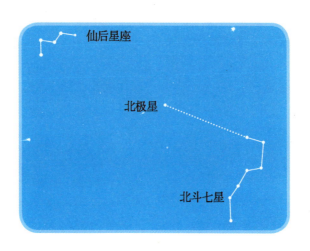

仙后星座

北极星

北斗七星

---

i 注意:

　　如果"宝宝兵"喜欢辨认星星，还有其他一些很容易找到的星座。实际上，北斗七星是大熊星座的一部分，而北极星位于小熊座的尾巴尖处。并且你可以在南方看到猎户座和天狼星，夜空中最亮的星。

已完成任务

　　特此证明：于＿＿＿＿＿＿＿＿（日期），我和突击队员爸爸找到了"北极星"，并开始学习如何在晚上辨认方向。

　　签名：＿＿＿＿＿＿＿＿＿

第三章

厨房任务

任务9：

制作黏稠物

任务简介

- **地点**：厨房，或者室外，如果天气暖和的话。
- **场景**：适用于喜欢凌乱的突击队员爸爸和"宝宝兵"。
- **任务**：制作非牛顿流体，一种既是液体又是固体的物质。
- **时间**：制作大概需要花 10 分钟，但是可以玩上很长时间。

任务要点

工具清单：

❶450 克的玉米淀粉。

❷475 毫升的水。

❸每个"宝宝兵"制作黏稠物的容器：一个足够大的搅拌碗、桶、塑料托盘等。

❹食用色素，如果你想制作一个彩色的黏稠物。

❺滴管，用来滴食用色素。

❻难免会弄得很乱，不过黏稠物事后很容易打扫。你也可以使用以下工具：

- 围裙/把旧的 T 恤翻过来等等，用于保护衣服；
- 报纸铺在地板上（但是黏稠物很容易拖干净）。

❼扬声器和保鲜膜，如果你想观看黏稠物"跳舞"的话。

操作指南：

"宝宝兵"可以：

❶将玉米淀粉加入碗里或者其他制作黏稠物的容器里。最好使用勺子，不是用来精确用量，而是因为如果淀粉翻了，会形成一团尘埃，弄得到处都是，这样会导致"宝宝兵"咳嗽。

❷**加水**：一次少加点水，保持浓稠度一致，最好是像蜂蜜一般光滑顺溜。

❸**搅拌**：我建议"宝宝兵"用手而不是用勺子搅拌。因为搅拌速度越慢，黏稠物变得越硬，搅拌难度就会越大。这是恶性循环。

❹**添加颜色**。一般滴几滴食用色素即可。请用手搅拌，因为"宝宝兵"一般很喜欢将手放进黏稠物里。但是如果他们对此兴趣不高，或者你担心留下污渍，也可以戴上塑料手套。

❺**清理**。当"宝宝兵"玩腻了，就可以开始打扫卫生。黏稠物可以装进一个封口的塑料袋里，可以留着下次继续玩，或者直接扔进垃圾桶。切记不要将它们倒进水池，因为玉米淀粉和水不会无限期地混合在一起，可能会堵塞水管。台面上少量的黏稠物

很容易可以擦掉，但是如果有少量掉到了地板上，你可以使用拖把打扫，"宝宝兵"很乐意干这个。

黏稠物可以用来做很多好玩的事情，包括：

❶你和"宝宝兵"可以用手将它揉成一个个球。当你停止揉动，将黏稠物拿在手里时，你会发现它变成了液体，从手指缝里流下来。

❷试着用手拍打或捶打它，或者快速地将手抽出来，你会发现混合物不会四处飞溅，反而因为力的原因而变得更硬。非牛顿液体可用于制作防弹衣，这时你可以讲解它为什么能够有效防弹。

❸模仿流沙。
- 将你的手完全浸泡在里面，然后试着快速移动。你越用力，它变得越硬。试着抓住黏稠物，将你的手拔出。
- 将塑料玩具模型放进去，然后试着把它从流沙里面救出来。

❹如果在室外的话，可以将黏稠物朝一个硬物扔去。当它穿过空气时，就变成了液体。但是如果在应力下，它又会变硬。

❺如果你想看黏稠物跳舞，可以带上扬声器，铺上保鲜膜，然后在上面放几勺黏稠物。播放音乐的时候，你就可以看到它形

成奇怪的卷须，就像在跳舞一样。

如果用奎宁水代替普通的水，可以制作在暗处发光的黏稠物。但是需要使用黑光或者紫外光，才能看见它发出来的光。

 科学小·知识

玉米淀粉由链状聚合物构成。如果加水，它们就会散开。如果你慢速地搅动液体，这些聚合物就会流动起来。但是如果你增大压力，或者加快移动速度，这些聚合物就会连在一起，混合物就会变硬。

黏稠物的美妙之处就在于它奇特的性质。在应力下，它会变成固体。如果没有应力，它就会变成液体。和"平时的"液体不一样的液体就属于非牛顿流体。

已完成任务

特此证明：于＿＿＿＿＿＿＿＿（日期），我和突击队员爸爸一起挑战了科学定律。

签名：＿＿＿＿＿＿＿＿

任务 10：

自制橡皮泥

任务简介

- **地点**：厨房，或者室外，如果天气暖和的话。
- **场景**：运用你的想象力。
- **任务**：自制橡皮泥。年龄大一点的"宝宝兵"可能想把橡皮泥用于下一个任务："室内火山"。
- **时间**：制作大概需要花 1 个小时，包括面团冷却的时间。

任务要点

👣👣👣👣👣 £££££ JT AT

工具清单：

❶300 克的普通面粉。

❷100 克的盐。

❸360 毫升的开水。

❹30 克酒石。

⑤几滴食用色素（如果你想制作彩色的面团）。

⑥大一点的搅拌碗。

⑦滴管，用于滴食用色素。

⑧2 匙食用油（任何类型的油）。

⑨如果使用食用色素，你可能会担心留下污渍：

- "宝宝兵"戴上塑料手套；

- 围裙/把旧的 T 恤翻转过来等等，用于保护衣服；

- 塑料托盘/塑料餐垫/保鲜膜，用于保护光滑的或木头工作台面。

⑩密封的塑料桶或袋子，用于存储面团橡皮泥。

> 警告：
>
> 　　操作指南里面，突击队员爸爸需要使用开水，所以不要忘记简要说明"宝宝边界"。
>
> 　　在"宝宝兵"周围使用开水的时候，请务必当心，因为开水会引起烫伤或灼伤。

操作指南：

❶**将碗里干性材料搅拌**：面粉，盐和酒石。

❷**放入油**。如果你只想制作单色橡皮泥，现在可以加入食用色素。但

是如果你想制作彩色橡皮泥，可以等会再添加颜色。

❸加入开水。有"宝宝兵"在的话，需特别小心，请使用你的常识判断。

❹用木勺子搅拌，将所有的材料搅拌均匀，然后等它冷却。

如果已经加入了单种颜色，或者不添加颜色"宝宝兵"也很开心，那么现在就可以开始玩了。

如果制作的是多彩橡皮泥，那么还需添加颜色（见如下）。

如何添加颜色：

- **准备好工作台面：**在干净光滑的表面撒上一点面粉。
- **确保"宝宝兵"把手洗干净，然后擦干，再使用面粉。**这个会很黏，但是总得有人完成。如果"宝宝兵"喜欢戴手套，那么擦手后再戴手套。
- **上色。**

让"宝宝兵"这样做：

- 将面团分成小球，球的数量取决于你要制作几种颜色。
- 将手指按进小球里，大概一半深度。
- 在洞里加两滴食用色素（可以多加几滴）。
- 用手压、折、揉，或拉伸面团，将颜色混合进去。

⑤**清理**。游戏结束后，让"宝宝兵"帮忙打扫干净。制成的面团橡皮泥应储存在密封的塑料袋或塑料桶里，以免下次使用的时候干掉。如果干掉了，你可以重新加水（一次加一匙水）使它变软，再重新揉。

可以做成无数种形状，但是我的"宝宝兵"一直喜欢醒目的、鲜艳的以及容易辨认的形状：

- 比如海星，花朵等形状都是不错的选择。
- 如果每个人都想制作一样的模型，这也不错。因为"宝宝兵"喜欢评论突击队员爸爸的作品。他们的评论有时会非常尖锐直白，所以等着瞧哦。

你还可以在面团里面加入其他物质。比如香草特别好闻。但是，我没有采用这个配方。因为如果太香的话"宝宝兵"可能会把它吃掉。

已完成任务

　　特此证明：于＿＿＿＿＿＿＿＿（日期），我和突击队员爸爸发挥我们的想象力制作橡皮泥。

　　签名：＿＿＿＿＿＿＿＿

任务 11:

制作室内火山

任务简介

- **地点**：厨房或者室外，如果天气暖和的话。
- **场景**：家里有火山在"喷发"吗？
- **任务**：制作属于"宝宝兵"自己的火山。
- **时间**：制作至少需要花 30 分钟。

任务要点

JT AT

工具清单：

❶10 克小苏打。

❷一点洗涤液。

❸黄色或红色的食用色素。

❹温水。

❺醋。

⑥小塑料瓶。

⑦滴管，用于滴食用色素。

⑧卡片或卡纸：制成锥体时，高度应该略高于瓶子。

⑨胶带。

⑩造型黏土（可以使用上个活动制作的面团黏土）。

⑪烘焙浅盘、塑料托盘等用来放置火山，喷发时候可以用来盛熔岩，但是不能挡住视线。

⑫围裙，也可以把旧的 T 恤翻转过来，用于保护衣服。

操作指南：

❶**制作火山**：拿一张纸或一张卡片（尺寸越小，等下需要的材料就越少），沿着小塑料瓶用纸做出一个锥体；瓶子的颈部应该用橡皮泥或面团遮盖住，这就是火山的原型。先用胶带固定锥体，然后粘到塑料瓶上；用橡皮泥或面团将锥体盖起来，这里可以发挥大家的想象力，尽可能地将火山做得逼真一点。确保瓶颈全部盖住。

❷**将瓶子装满温水**。温水

制造出的喷发效果好于冷水，因为热量可以加快化学反应。

❸加几滴食用色素。

❹加一点洗涤液。它有助于化学反应，制造出更多的泡泡，这样熔岩流动的效果会更棒。

❺加入 2 匙小苏打。现在火山已经准备好了，但是没有醋，火山还不能喷发。

❻火山爆发！慢慢将醋倒进去，太快的话它就会爆炸。就如你猛摇碳酸饮料瓶子，然后打开瓶子引起的爆炸反应一样。

❼再来一次。再次加入小苏打和醋，火山会继续喷发。

❽清理。开心时刻结束以后，确保"宝宝兵"帮忙打扫干净。你可以将液体小心地倒入水池里。

 科学小·知识

　　喷发是两种化学物质混合在一起导致的。将弱醋酸（醋）和碳酸氢钠（小苏打）混合在一起，就会产生二氧化碳，火山里也有这种气体。这种化学反应会增加瓶中的压力，直到气泡喷出来。

已完成任务

　　特此证明：于＿＿＿＿＿＿（日期），我和突击队员爸爸一起享受了火山喷发的乐趣。

　　签名：＿＿＿＿＿＿

任务 12：

制作室内降雨

任务简介

- **地点**：厨房。

- **场景**：雨天最好的活动，你可以解释天气这一现象。

- **任务**：把天气装进瓶子里。

- **时间**：如果一切准备就绪，大概需要 5 分钟。

任务要点

𝄆𝄆𝄆𝄆𝄆 ℰℰℰℰℰ **JT** **AT**

工具清单：

❶热水（刚烧开）。

❷大的玻璃罐；高的花瓶、高的玻璃杯或者高的量杯。

❸一盘冰块。

❹碗。

操作指南:

❶**准备制造雨的容器。**将少量的热水倒入罐子里（或者瓶子里），不要超过三分之一满。

❷**锁住热量。**在它的正上方放一个碗，确保不留空隙，将热量锁在罐子里。然后将它放置几分钟，直到罐子里开始形成气雾。

❸**引入冷空气。**将冰块放到碗里。

❹**看起来就像在下雨。**水滴在罐子边上开始集聚，往下滴入水中，看起来就像在下雨。

　　如果在雨天进行这项试验，你可以让"宝宝兵"换好衣服，穿上雨靴，出去逛逛，跳跳水坑。然后提问"宝宝兵"：太阳出来后，水坑会变得怎么样？其实它们没有并消失，只是从一个形态（液态：水）转化成另一种形态（气体：水蒸气）。

科学小·知识

　　罐子里潮湿的热空气碰到冰冷的瓶底，水蒸气遇冷凝结成水滴，回到瓶底。当重力足够大的时候，它们开始降落，就像下雨一样。大气中的雨就是这样形成的。

- **蒸发**。太阳照耀在河流、湖泊、海洋等地球上的水面上，将水变成水蒸气。

- **凝结**。温暖潮湿的空气从地面升起，与空气中的冷空气相遇，凝结成水滴。我们把凝结的水蒸气叫作云。

- **降雨**。当水变得足够重并开始降落，我们就有了雨或者冰雹，雨夹雪或雪。

- **雪晶**。当云中的水滴变得非常寒冷，就会形成雪晶。它们从云中降落，形成雪花片。如果空气冰冷，雪花片就会一路降落到地面上。但是如果空气不够冷，雪花就会融化成雨。

- **雨夹雪**。就是雪和雨的混合。

- **冰雹**。就是冻硬的冰。

- **再循环**。雨水又重新回到河流、湖泊、海洋里等等。

已完成任务

　　特此证明：于_____（日期），我和突击队员爸爸一起驾驭了天气。

　　签名：_____

任务 13：

制作隐形墨水

任务简介

- **地点**：大本营的任何地方，视书写工具而定。
- **场景**：天气不限。
- **任务**：制作隐形信息，然后将信息再次显现出来。
- **时间**：大概需要 30 分钟才能把墨水晾干。

任务要点

工具清单：

❶白纸。

❷书写工具：棉花棒，画笔，牙签等等。

❸从下面清单中自选其他所需的工具：

加热显现的隐形墨水：

❶墨水：以下各种液体都可做成墨水：

- 酸性果汁，如柠檬汁，加上几匙水。

- 醋。

- 白葡萄酒

- 牛奶。

❷热源：选择一个最适合"宝宝兵"的能力并且你感觉合适的光源，但是请务必做好监督工作：

- 灯泡。

- 熨斗。

- 吹风机。

- 散热器（如果"宝宝兵"缺少耐心，这不是最佳选择）。

发光的隐形墨水：

❶墨水。

- 奎宁水。

- 凡士林。

❷紫外线光源，用来显示信息。

蜡笔隐形墨水：

❶白色蜡笔。

❷颜料。

❸画笔。

警告:

　　操作中需要使用热源，比如烫热的熨斗。如果你打算让"宝宝兵"自己完成这些步骤，请务必小心，使用你的常识，并且做好监督工作。而且事先必须向他们讲明"安全边界"。

操作指南:

制作隐形的信息:

❶拿一张纸和隐形墨水，将信息写在上面。信息应该清楚明了，最好简短一点。

❷把纸晾干（如果使用的是蜡笔墨水，这步可以省略）。纸完全晾干后，你还可以在上面再写一条假信息，使它更难找到。使用铅笔或者圆珠笔，因为水笔或者钢笔不适合使用隐形墨水。

显示隐藏的信息:

❶如果是**加热显现的隐形墨水**，请慢慢地将纸加热，直到信息显露出来。你可以使用吹风机或者使用大本营的熨斗（这步由突击队员爸爸完成）将纸加热。

❷如果是**发光的隐形墨水，**那么用紫外光照射一下，纸上的信息就会显现出来。

❸如果是**蜡笔隐形墨水，**只要用颜料涂一下即可。或者如果没有颜料，也可以使用彩笔或者水彩笔。

自制的隐形墨水可以用于其他需要制作线索的游戏。

---

i 注意:

　　据说"字里行间"一词来源于用隐形墨水书写信息,然后将信息隐藏在可见文本的行间。

已完成任务

　　特此证明:于＿＿＿＿＿＿（日期）,我和突击队员爸爸制作间谍信息。

　　签名:＿＿＿＿＿＿

任务 14：

制作熔岩灯

任务简介

- **地点**：厨房。
- **场景**：任何天气。
- **任务**：制作化学反应，使你的熔岩灯冒出彩色的泡泡。
- **时间**：大概 30 分钟。

任务要点

工具清单：

❶一个干净的带盖的透明塑料瓶（防止油溢出来），或者一个带盖的大罐子。

❷水。

❸植物油。你可以使用用过的食用油，但是必须先过滤一遍。

❹食用色素。

❺滴管。用来滴食用色素。

❻泡腾片。比如用于治疗胃灼热和消化不良的胶囊。

操作指南：

❶**将水倒入瓶里，三分之一满。**

❷**瓶里加入植物油，几乎加满。**顶部需要预留一点空隙。

❸**添加颜色。**加入大约 10 滴的食用色素，把盖子盖紧。等颜色穿过油层，和瓶底的水混合在一起。

④等待颜色沉淀的时候，用两个勺子**将泡腾片压碎**。

⑤**把瓶子打开，倒入压碎的泡腾片**。泡腾片一碰到水，就会开始产生气泡。

⑥**打扫干净**。如果你等会还要使用熔岩灯，只需将盖子拧紧。下次只要加入更多的泡腾片，化学反应又会开始了。如果你已经玩好了，想把它扔掉，请直接放进垃圾桶。切记不要倒进水池里，因为凝固后会带来麻烦。

科学小·知识

　　水油不能混合，所以它们在瓶子里保持分开。因为水比油的密度高，所以水停留在瓶子底部。泡腾片比油和水的密度都要低，所以它释放出的二氧化碳小气泡会带着彩色的水，一路飘到瓶子顶部。当二氧化碳气体从瓶子的顶部冒出时，彩色的水则一路往下流，穿过油层后，再次回到瓶底。

已完成任务

　　特此证明：于_____（日期），我和突击队员爸爸制作了神奇的熔岩灯。

　　签名：_____

任务15：

给蔬果去皮、磨碎及切片

任务简介

- **地点**：厨房。
- **场景**：吃饭时间。"宝宝兵"很喜欢在厨房做小帮手，热情程度可能会让你大吃一惊。
- **任务**：教会"宝宝兵"厨房打下手的技巧。
- **时间**：准备时间需要充足一点，否则时间太紧张会让你倍感压力，你一定不想这样。

任务要点

🔵🔵🔵🔵🔵 ££££££ JT AT

工具清单：

❶削皮器。

❷刨丝器。

❸小厨刀。

❹砧板。

❺让"宝宝兵"安全地站在上面的物品,这样料理台大约及他们的腰部。最好使用台阶凳,高度刚刚好。

❻适当的食品。

操作指南:

"宝宝兵"在厨房里能够帮忙做什么呢?你需要运用你的常识和判断力来决定。但是如果你觉得"宝宝兵"还不具备所需技能,你仍然可以让他们在厨房里做你的小帮手,比如,教他们如何过滤食物,清洗蔬菜,测量所需材料的分量,搅拌或者打鸡蛋等等。

上述所有活动都需要你的密切监督,而且你还需要给"宝宝兵"讲明"安全边界"。

去皮:

刚开始最好先拿胡萝卜练习削皮。它的皮很容易被削掉,非常适合拿来给"宝宝兵"训练。

你的"宝宝兵"需要:

❶**洗手擦干。**

❷**洗胡萝卜。**如果胡萝卜是脏的,把它洗干净。

❸**握住胡萝卜的上端**,而另一端搁在干净的案板上。

❹拿出削皮器,从胡萝卜中部开始削皮,**朝着离自己相反的方向一直削到底。**刚开始如果他们紧张的话,会按得很用力,这

样就会削掉相当多的胡萝卜。让他们放松，不需要那么用力地按住。

❺**转一下胡萝卜，将下半部分的皮全部削掉。**

❻**将胡萝卜倒过来，手握削好的下端，重复上面的步骤，直**到上半部分的皮全部削掉。

❼**胡萝卜去皮后，需要切掉它的顶部和底部。**如果你相信"宝宝兵"能做好这个工作，你可以交给他们完成，不然就自己来切。

❽**洗手擦干。**

❾**清理。**削完皮后，你需要将皮弄下来，并把它们扔进垃圾桶或者放进肥料堆里。

如果今天晚餐不需要用胡萝卜，你可以给"宝宝兵"做零食吃掉。

研磨：

研磨食物的关键在于不要将食物全部磨碎，手里应该还剩下一些食物，这样可以保护手指。奶酪是学习研磨的最佳食材。不像胡萝卜和苹果等其他食材，奶酪柔软好用，而且不会把手弄得又湿又滑。

你的"宝宝兵"需要：

❶**洗手擦干。**

❷**将奶酪包装打开**（可以将奶酪切成容易操作的小块）。

❸将磨碎机搁在干净的案板上，**紧紧地握住磨碎机的手柄。**

❹将奶酪放在磨碎机里上下搓动。

❺重复这一步骤，直到磨碎的奶酪够多了，或者奶酪只剩下一小部分。

❻轻敲磨碎机，将嵌在刀片上的奶酪弄下来。

将奶酪从案板上取下，如果你不需要马上使用奶酪，请将它放进碗里或桶里，盖好再放进冰箱。

❼洗手擦干。

❽清理，将所有的东西都整理好。

突击队员爸爸以身作则，如果你想"宝宝兵"学会在厨房里安全用刀，请确保自己在厨房里做出正确示范。

切菜：

i 用刀提示：

你可以给"宝宝兵"购买宝宝厨房专用刀，或者使用比较小的成人刀。刀要利，因为钝刀不好切，"宝宝兵"可能会死死地按住刀具，企图使用蛮力。这可能会导致刀片反弹或者刀从食物上滑下来，不小心切到手指。

有两种"宝宝兵"可以学习的安全刀切方法，这两种方法都需要将手指放在远离刀片的位置。

- "桥式"法（适合将食材切块）。
- "爪式"法（适合切片）。

如果你想要"宝宝兵"在拿刀之前先练习这些刀法，你可以让他们使用自制的面团橡皮泥和塑料刀操练一下。

"桥式"法

练习这种刀法的最佳食材包括大颗的草莓和普通大小的土豆（对初学者而言，不要使用小番茄，因为手可能会离刀太近）。上述食材的大小正好适合"宝宝兵"握住，便于他们专心练习刀工。

你的"宝宝兵"需要：

❶**洗手擦干。**

❷**摘除水果的梗，**如果有的话。然后放在干净的案板上。

❸**手拱起来放在土豆上面，搭一座"桥"。**大拇指放在土豆一边，其余的手指放在另一边。手和土豆之间的空间看起来就像一座桥。确保"宝宝兵"手掌和土豆之间的位置足够大，不会切到手。

❹**另一只手拿刀，确保刀片朝下。**

⑤将刀置于"桥"下，**向前移动**将西红柿从中间切下。

⑥**刀放在西红柿里，从"桥"下抽出来一部分**（但不是全部）。

⑦**重复以上步骤。**

⑧西红柿切成两半后，将刀放下。

⑨将一半的西红柿朝下平放，使用同样的方式再切一次。

⑩重复，直到西红柿切成四块。

⑪切完后，**洗手擦干。**

⑫**清理**，将东西都放好。

"爪式"法

这种方法可以保护手指，是大人最常用的刀法。如果我需要握住食材进行切割，我一般使用"爪式"刀法。练习这种刀法的最佳食材就是芹菜，因为它的梗便于"宝宝兵"握住。

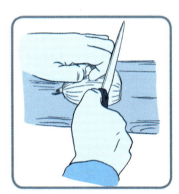

你的"宝宝兵"需要：

①**洗手擦干。**

②**洗一洗蔬菜**，如果脏的话（可能你需要帮"宝宝兵"先把

蔬菜的头部和顶部切掉），然后将它放在干净的案板上。

❸**不持刀的那只手半握呈"爪"状，手指合拢，并且将手指部分向内卷曲**（这样可以使手指离刀远一点）。但是手指底部保持垂直。切菜时一定要把大拇指缩在另外四个手指的里面。

❹**将"爪子"放在马上要下刀的蔬菜上**，调整手指，保持"爪子"形状，将蔬菜按紧。

❺拿起刀，**确保刀片朝下**。

❻**专心地将蔬菜切片**，使用"爪式"刀法。

❼**手指往后移动**，边切边退。

❽**重复以上步骤**，直到切好。

❾切菜工作结束后，**洗手擦干**。

❿**清理**，将东西都放好。

用刀黄金法则

- 一定要在案板上切蔬菜，永远不要手握着食材直接切下去。
- 握刀一定要小心。
- 一定要朝远离你的方向切菜。
- 如果你觉得手又湿又滑，先停下来把手擦干。
- 永远不要拿着刀在厨房里走来走去。
- 永远不要将锋利的刀放进洗碗盆里，请务必将刀放在水槽边上容易看得见的地方。并且洗刀的时候要格外小心。

已完成任务

　　特此证明： 于＿＿＿＿＿＿（日期），我和突击队员爸爸开始学习重要的厨艺。

　　签名： ＿＿＿＿＿＿

第二部分

路上探险

任务16：

路上玩游戏

任务简介

"宝宝兵"在执行"中期任务（mid – term employment）"时，不管是去上学，度假，还是去逛附近的商店，在"兵工厂"里贮备好"宝宝兵"玩的游戏，真的大有好处。

有三种万无一失的游戏，并且不需任何特殊材料。

- 寻找游戏。
- 追赶游戏。
- 领军游戏。

本章"路上探险"所有的活动要点一致，设计目的就是让每个孩子都能参与。

任务要点

JT AT

路上探险黄金法则

游戏应该是：

- 每个孩子都能参与，不需要特别的技巧（所以人人平等）。

- 容易理解，易于操作。

- 不需要特殊的设备（如果你在路上，只需你脑袋里记得这个游戏就行）。

- 可以玩很长时间。

- 不会打扰到其他人，比如乘坐公共交通的时候。

- 不会干扰司机，如果"宝宝部队"坐在车里。

操作指南：

发现游戏：

适合： 在"中期任务"途中，迅速集合"宝宝兵"完成同一个目标。

❶**我是小侦探：** 英国家喻户晓的游戏。"我环顾四周，找一找，什么东西以＿＿字母开头。"孩子观察四周，找到以这个字母开头的物品。每个孩子都玩了一遍以后，家长可与孩子变换游戏角色。家长描述一个物品，孩子们来猜一猜。

❷**迷你"切达干酪":** 找到一辆黄车得 5 分,一辆迷你车 10 分,一辆黄色的迷你车 25 分。最重要的规则是游戏中每个"宝宝兵"只准一辆车"未经证实",否则"宝宝兵"就得在每条小道上"寻找"黄色迷你车。谁先得到 100 分,谁就赢了。

❸**拼车游戏:** 每个人挑选一种颜色,轮流来玩这个游戏。他们需要找到 7 辆这种颜色的车,然后再找到一辆黑色的车,就算赢得一局。如果另一个玩家看见一辆白车,也就是找到了"主球",那么就换他来玩。对于年纪较小的"宝宝兵",可以相应地减少车辆的数量。

❹**彩虹游戏:** 大家寻找包含某种颜色的任何物品,包括动物,植物和人。可以先从"红色"开始,当这种颜色找完了,就可以换成黄色、粉色、绿色、紫色、橙色、蓝色等。

追赶游戏:

适合: 在开阔的空地上"长途行军"时玩的亲子游戏。长途步行时,这个游戏可以让孩子们打起精神来。只需记住一点,请确保队伍前进的方向是正确的,即朝着你的最终目标前进。

❶**绿巨人游戏:** 作为 20 世纪 70 年代的孩子,我无法抵抗这个游戏的魅力。从 A 点走到 B 点时,家长突然停下脚步,用毫无情绪的声音说:"别让我生气,我生气的时候你们一定不会喜欢。"然后告诉孩子们当你变身的时候,他们需要跑到一个"安

全区域"。家长一边追赶，一边咆哮，这是必需的。

❷猎狗游戏：你当兔子，孩子们当猎狗来追你。谁先把你抓住，谁就是胜利者。然后转换游戏角色，他们变成兔子。你还可以在游戏中加上"现场解说词"，增加游戏的趣味性，比如"后面的宝宝兵正在慢慢逼近"等。

❸捉人游戏：一群玩家（两个或以上）决定由谁来捉人。然后由他来追赶其他的小孩，当他快要靠近时，用手摸一下对方，就算捉住了。现在转换角色，换成被捉住的玩家来追其他的小孩，游戏再来一轮。

❹猎熊游戏：捉人游戏的另一个版本。首先由熊来捉人，其他的玩家必须挑选一个动物角色，来充当熊的猎物。这些动物角色不一定需要住在同一个栖息地；比如，我曾经玩过"兔子和海龟"。首先熊宣布要追猎哪个动物，然后紧跟其后追赶。当熊快要逼近时，猎物可以喊出其他动物的名字，这样熊就必须开始追猎另一种动物。如果猎物被抓住了，那么他就变成了猎熊。

领军游戏：

适合：执行"短期任务"时，家长领导全体"宝宝兵"走向胜利。

❶**依次报数：**这是让每个人都朝着同一方向前进的有效方法。每个人都跟在领队的后面，而领队领着大家唱歌。因为音乐是行进的节奏，所以需要一个快节奏的歌曲。歌词尽量有趣，这样可以让孩子们忘记了他们在走路。比如：

- 领队：我不知道，但是有人这样告诉我。
- （追随者重复：我不知道，但是有人这样告诉我。）
- 领队：你的臭爸爸真的很老哦。
- （追随者重复。）
- 领队：我不知道，但是有人这样对我说。
- （追随者重复）
- 领队：你的妈妈头上一根头发也没有哦。
- （追随者重复）

❷**跟随领队：**由领队来确定行军风格，其他的人必须跟在领队的后面。游戏的唯一规则就是大家必须朝着目的地前进，行进方式可以发挥大家的想象力天马行空。如果你觉得行军速度放缓，就可以把领队换掉。最好你不赶时间，因为速度由领队来确定，年纪较小的"宝宝兵"走路自然就比较慢。

❸**单列领军：**适合年龄大一点的"宝宝兵"快速行进。大家

排成一列行进，然后你大喊"全体改变"，那么队伍最后面的那个孩子就需要跑到队伍最前面成为领队。而且他还需要带领大家做一个新动作（比如"拍手"）。当每个人都在拍手时，你再次大喊"全体改变"。新的领队再次领着"宝宝兵"做一个不同的新动作（比如将双手举过头顶）。

在拥挤的地方或者晚上和孩子们一起出行时，一定要"报数"。给每位"宝宝兵"指派一个数字。你是"1"。当你说"1"，所有的宝宝兵依次报数"2"，"3"，"4"，等等。这是确保"宝宝兵"集合在一起最快速有效的方法。

已完成任务

特此证明：于＿＿＿＿＿＿＿（日期），我和突击队员爸爸在路上进行探险。

签名：＿＿＿＿＿＿＿

第三部分
户外探险

第四章

丛林任务

任务 17：

爬树

任务简介

- **地点：** 丛林里。
- **场景：** 一棵适合攀爬的树木。
- **任务：** 找回失传的"爬树"艺术。
- **时间：** 从 10 分钟到几小时不等，很难计算。这取决于
  "宝宝部队"的毅力以及成功的次数。

任务要点

£££££ JT AT

工具清单：

❶运动鞋。

❷基本的急救工具。

预先设好期待值。爬树是个很棒的经历，可以让孩子们投入到大自然的怀抱，欣赏户外美景。但是爬树过程中的失败经历也很重要，尝试和失败是最好的老师。鼓励"宝宝兵"失败后拍拍身上的灰尘，继续前行，胜利的滋味将更加甜美。

操作指南：

"宝宝兵"可以：

❶**挑选一棵树**。树木种类繁多，大小不一，是天然的攀爬物。如果"宝宝兵"缺乏爬树经验，先找一些低矮茂密的树丛，或者树皮粗糙的树木攀爬，便于找到好的落脚点。当然"宝宝兵"也可以先爬大树。他们可以先爬到矮树枝上，有了自信再往上爬。

❷**挑选一条路线**。鼓励孩子们爬树前先把路线设想好，这样有助于他们爬树前先学会如何观察树木。可以让他们在矮一点的树枝上荡一荡，这不仅能够培养他们的自信心，而且可以在爬树前先测试一下树枝的柔韧度。最开始爬的时候，你可能需要待在树下，教导"宝宝兵"在往上爬或往下爬时，手和脚应放在树的哪个位置。

❸**爬树**。时间会教会他们爬树的技巧。刚开始，"宝宝兵"可能会以自己笨拙的方式爬树，这应该得到鼓励。练习的目标是爬树，所以无须在乎别人的评价。

　　爬树会上瘾。如果你和"宝宝兵"发现了一棵非常适合攀爬的树木，把它的位置记下来，情况允许的话，大家再返回来。

已完成任务

　　特此证明： 于＿＿＿＿＿＿（日期），我和突击队员爸爸攀爬到了新的高度。

　　签名：＿＿＿＿＿＿

任务18：

制作绳索秋千

任务简介

- **地点：** 丛林里，或者花园里，如果有合适的树木。
- **场景：** 一棵粗壮的大树，其树枝至少需要16厘米粗。并且树的下面需要有一块空地（这样，荡秋千的时候，不会撞到任何东西）。
- **任务：** 制作并使用绳索秋千，如果是私人领地，请事先取得房主许可：a）可以在那里玩耍；b）可以在那里建造一个绳索秋千。
- **时间：** 如果准备工作做好了，制作大概需要30到40分钟。但这个时间中不包括：在商店购买工具和在附近区域侦察最适合的树木的耗时。

任务要点：造秋千

JT　AT

任务要点：荡秋千

JT AT

工具清单：

❶钢丝绳，至少 2 ~ 5 厘米粗。

❷线或者缆绳，用于将钢丝绳固定在树枝上面。

❸平衡物，用于将线或者缆绳扔到树枝另一头，比如。挂锁是最佳的选择。

❹绝缘胶带或电工胶带，将剪下来的钢丝绳那头包起来。

❺一根木头或者一根小树枝，用于安装座位。树枝需要小一点，这样坐得舒服。同时树枝需要足够粗，能够支撑最重的那个人。

⚠ **警告：**

你需要给"宝宝兵"简要说明"安全边界"。当你将平衡物扔到树上时，请务必小心，使用你的常识并且密切监督，确保"宝宝兵"处在安全的位置。在享受荡秋千的乐趣的同时，请务必确保孩子们不会误伤到自己。当然，碰伤、擦伤、瘀伤有时在所难免，但是必须要避免严重的扭伤和摔伤。

操作指南：

关于这个游戏里用到的绳结，除了双蟒绳结的操作方法，其他请查看"大本营探险之任务3：打绳结"。

❶**侦察。**如果可以的话，请事先找好最适合的树木。这样"宝宝兵"到达以后，就可以直接开始制作秋千。而且知道绳子所需的长度，就可以事先在"大本营"将绳子割好。

❷**在绳子的末端位置系一个单套结。**（关于单套结的操作指南，请参考"大本营探险之任务3：打绳结"）这个绳结牢固可靠，它可以将绳索秋千安全地固定在树枝上。

❸**请注意：**如果等会你想把绳索秋千取下来，请确保在地面时将双倍长度的线穿过单套环。这个单套结只需拉一下就可松开。放下钢索绳后，就可将秋千从树枝上取下。

❹**在单套结的下面再系一个8字结，确保它不会滑落。**

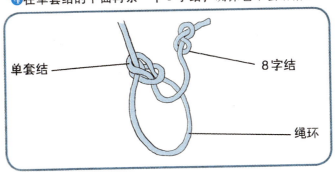

单套结 —————   ————— 8字结

                            ————— 绳环

⑤ 将绳子的末端包好绝缘胶带，以防磨损。

⑥ 将绳索秋千扔到树枝的另一头去。在绳子的另一端（没有打结的那端），用线或缆绳在平衡物上打一个反手结（见下表）。你可以再用一些绝缘胶带把这个反手结固定好。然后将平衡物扔过去，这样绳索就被拉到树枝的另一边。这时，你就可以把平衡物取下来。

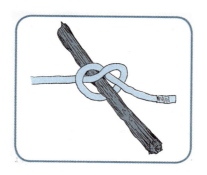

⑦ 将没有打绳结的那端穿过单套结。这样就形成了一个绳环，然后一直拉，直到这个绳环紧紧地套在树枝上。

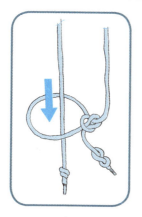
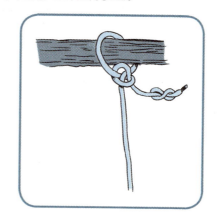

❽现在一个简易的秋千就做好了。接着在绳子底部打**两个大大的反手结**，做一个你可以站着或者坐着的位置。然后**在绳子两端包上绝缘胶带，以免磨损**。

❾**安装秋千座位**。如果你想安装一个座位，可以使用一种简单牢固的绳结法——双蟒结，将一块合适的木头固定好。

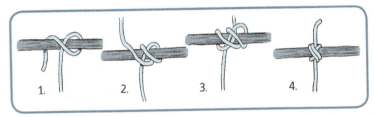

1.　　　2.　　　3.　　　4.

- 将绳索绕在木头上，绳子两端交叉，绳头放在绳子末端的下面，再绕一圈（详见上图步骤1）。
- 将绳头剩下的部分绕在木头上（详见步骤2），然后再绕一圈，形成X形，每边上面两根线。接着，将绳头从两个环的下面穿过，并从X形的上部拉出来（详见步骤3）。将绳子两端拉紧，双蟒绳结就打好了（步骤4）。
- 最后在绳子的末端包上绝缘胶带或电工胶带以免磨损。

❿**测试秋千**。这个任务由突击队员爸爸来完成：坐在秋千上（开始不要荡起来），确保所有的结都系紧了。如果你确定秋千安全无误，再查看一下四周是否有未发现的障碍物，以免荡秋千的时候撞到。

⓫**荡秋千咯！**

已完成任务

特此证明：于_____（日期），我和突击队员爸爸一起制作绳索秋千。

签名：_____

任务 19：

栗子游戏

任务简介

- **地点：** 任何地方。
- **场景：** 秋天。
- **任务：** 玩栗子。
- **时间：** 10 分钟或以上。

任务要点

工具清单：

❶ "全副武装" 穿好线的栗子（关于栗子的准备，请查看 "制作探险之任务 43：识别冠军栗子"）。

操作指南：

游戏的目的是击碎对方手中的栗子或者马栗。

❶**站好**。玩家面对面，保持一定的安全距离，以免被移动速度太快的栗子打中。

❷**决定谁先来**。一般通过扔硬币决定，以示公平。

❸**将穿在栗子上的线绕在手上**。在手上将线多绕几圈，栗子挂在下面，保持其静止不动。

❹**第一个玩家出击**。第一个玩家可以决定对方把栗子举多高，然后用力地甩过去攻击对方的栗子。

❺**直到其中一个栗子从线上被打下来，游戏结束。**

栗子游戏的规则

- 如果玩家故意移动栗子，则对手得 2 分。
- 如果线缠到一块，谁先喊出"缠线了！"则加 1 分。
- 如果用力打中对方栗子，使得它转了一整圈，就是"环球一周"，那么加 1 分。
- 如果玩家的栗子掉了，或者被对手打下来了，那么出击的玩家可以喊"标注！"，并跳到栗子上，则得 1 分。但前提是拿着栗子的玩家没有首先喊出"不能标注！"。

荣誉勋章

你可以给栗子取名字，来宣扬它的战绩。新栗子的名字是"无名将军"，意思是从未赢过一场栗子战役。第一次胜利后，它就变成"一次将军"，接着"两次将军"、"三次将军"等等。

已完成任务

特此证明：于_____（日期），我和突击队员爸爸一起获得了栗子游戏的胜利。

签名：_____

任务 20：

升级版捉迷藏

任务简介

- **地点：** 任何地方都可以，但是在丛林里要务必当心，我们可不想把捉迷藏游戏变成搜寻营救行动。
- **场景：** 最好避开足迹很容易被对方发现的天气（比如下雪天或者地面泥泞的时候）。
- **任务：** 安全返回大本营，而不被对方发现。
- **时间：** 至少可以让孩子们开心地玩上 1 个小时。

任务要点

工具清单：

❶参与游戏的人（越多越好）。

如果你想加大捉迷藏的难度，可以参考"户外探险之任务 28：迷彩伪装"，进行迷彩伪装。

操作指南：

❶**选择谁来找，以及哪里是大本营**（在丛林里玩捉迷藏，大本营最好是一块空地）。别忘了给"宝宝兵"讲明"安全边界"。

❷**找的人把眼睛闭上，慢慢地数到 20，而其他人找地方藏好。**数到 20 正好，因为大家可以听得见报数的声音，而且时间相对而言比较短，大家只能躲在附近。

❸一旦数到 20，找的人必须离开大本营，**其他人必须原地不动。**

❹找到第一个人，必须大喊"2 个人!"，意思现在有两个人一起寻找。**这两个人可以选择一起找，**或者分开朝两个不同的方向去找。

❺**每找到一个玩家，必须喊出找到的人数**（比如"3 个人"、"4 个人"等等）。

⑥一旦隐藏地点被发现，藏的人可以朝大本营跑去。只要到达大本营，而没有被抓到，就安全了，然后大喊"大本营1人安全"（接着"大本营2人安全"等等）。这样参与游戏的人就知道现在有几个人安全了，还有几个人在找，几个人仍旧在躲。

第一个安全抵达大本营的人是终极冠军，他可以选择下一轮来找人，或者指定其他选手。

⑦如果"宝宝兵"遇到任何困难或麻烦，他们应该大声呼喊："游戏中止！"让突击队员爸爸和其他所有人知道，有人需要帮助。

已完成任务

特此证明： 于_____（日期），我和突击队员爸爸学习捉迷藏的重要知识。

签名： _____

任务21：

丛林寻宝

任务简介

- **地点**：丛林。
- **场景**：季节不限，你可以根据不同的季节来调整寻宝目标。
- **任务**：认识环境里主要的动植物以及体验大自然。
- **时间**：时间由你决定，但是寻找 6 到 10 个动植物一般需要 1 个小时。请务必事先调查或侦察一下丛林，了解现在可以找到什么动植物。

任务要点

JT AT

工具清单：

❶寻宝清单（制作宝藏清单，或者使用 111 ~ 112 页的识别图）。

❷防水的塑料孔袋（每人一个），可以用来装东西。

❸铅笔（每人一支），适用于任何天气，任何气温。

❹手消毒液，以防万一。

任务前请务必给"宝宝兵"讲明"安全边界"，禁止擅自把寻宝途中找到的任何浆果或者菌类吃掉。如果你有相关的树叶知识，可以添加到寻宝清单。但是请事先和领地主人核实一下，因为那里可能禁止采摘树叶。

操作指南：

❶**制作寻宝清单**。寻宝的时间和地区不同，丛林里可以寻找的东西也不同。做好功课后，开始制作寻宝清单。确保清单里设计了其他各种活动，因为这比单纯地找东西更有趣，比如：

- 寻找物品并保存：因为需要将这些东西装进塑料口袋，所以请确保它们小而轻，容易携带，并且不容易弄坏。不一定需要在树上采摘，也可以是在森林的地上捡到的。
  - 橡子。
  - 松果。
  - 松针。
  - 特定的叶子（如果他们不熟悉叶子的形状，请务必为他们准备一张图）。

- 梧桐树种子。

- 寻找物品并记录："宝宝兵"可以使用列清单的那张纸来写生。同样，你需要事先做好功课，以了解有哪些动物痕迹，比如：

  - 鹿的足迹。

  - 兔子的足迹或大便。

  - 獾的足迹。

  - 狐狸的足迹。

  - 粗糙的树皮（他们可以用手摸一摸）。

- 感受大自然：这个活动可以提高"宝宝兵"观察周围环境的能力。我一般不记录，只是让大家一起来体验大自然。但是也可以用手机录制声音或拍照，作为更永久的留念：

  - 听风吹过高高的树梢。

  - 听鸟鸣。

  - 闻一闻野蒜味。

  - 感受三种不同的树皮。

  - 听树叶在脚下发出咔嚓咔嚓的声音。

❷将"宝宝兵"部署在指定区域，并确保每个人时刻都在你的视野范围之内。

寻宝识别图

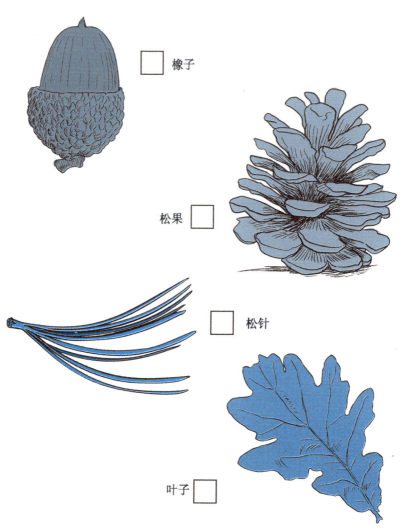

橡子 ☐

松果 ☐

松针 ☐

叶子 ☐

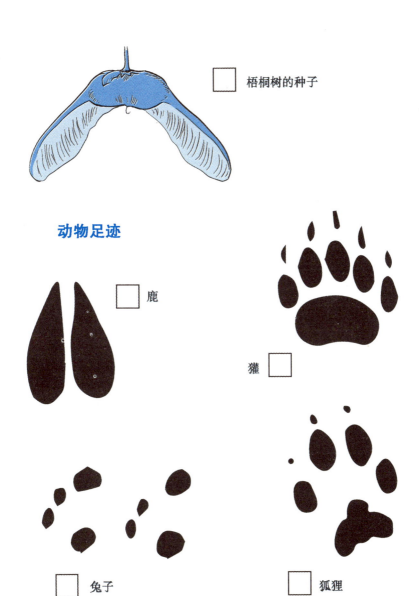

梧桐树的种子

动物足迹

鹿

獾

兔子

狐狸

任务22:

跟踪并找到丛林生物

任务简介

- **地点**：任何地方。
- **场景**：最好是冬天，因为树叶比较少，动物的足迹不会被掩盖住。
- **任务**：在丛林里跟踪不同的野生动物。
- **时间**：时间由你决定，但是这个活动至少需要1个小时。

任务要点

工具清单：

❶照相机或智能手机，可以用来记录你的丛林发现。

❷野生动物识别图。"宝宝兵"丛林探险前做准备的时候，以及探险后翻看自己拍的照片或画的图片时，这些识别图会很有

用。如果想要下载更多的动物识别图，或者想找到有用的资源来自制识别图，你还可以寻找网络的帮助。

❸如果有的话，准备一个望远镜，"宝宝兵"非常喜欢望远镜。

❹手消毒液，以防万一。

调整期望值。丛林动物很狡猾，非常擅长于隐藏自己的踪迹，是躲避猎人的高手。这意味着"宝宝兵"可能跟踪了一整天的动物踪迹，但是连个影子都没瞧见。

操作指南：

❶**决定对待这次任务的认真程度。**跟踪丛林动物需要大家保持安静，并且需要将自己隐藏起来（不要迷彩伪装，也不要穿着很鲜艳的衣服，这样容易被丛林动物察觉）。而且，可能需要大清早就出发，黄昏还待在丛林里。如果"宝宝兵"对这些都很感兴趣，那么你可以尽量遵循以下步骤，来寻找动物的踪迹，希望有所收获。

但是，如果"宝宝兵"没有耐心，没有时间，抑或不喜欢跟踪动物，那么只需遵循以下某几个步骤，来找寻动物留下的痕迹，也会是一次不错的探险经历。也许年龄稍大的"宝宝兵"还喜欢将他们的发现用照相机记录下来。

❷**做好调查工作，以便了解要寻找什么，并且去哪里寻找**。请仔细挑选追踪的日期以及追踪的路线。比如，如果这里是遛狗的地方，那么发现丛林动物的可能性就很小。请务必将鸟也添加到寻宝清单，因为即使哺乳动物狡猾难寻，一般也能发现一两只小鸟。

❸**逆风前行，避免动物捕捉到你的气味**。如果你找到了想要观察的动物（例如，一个獾穴，在这种情况下，日落时分是最好的观察时间），你可以爬到树上来减轻你的气味。

❹**保持安静**。如果需要说话，请小声一点。也可以事先规定一个暗号，动作不要太突然。比如：

- 食指放在嘴上（安静）。
- 举起拳头，将手掌的那边朝外（停止）。
- 用手指触碰头顶（"由我来"，或者"来我这里"）。

❺**像跟踪的动物那样思考**。这样可以帮助你想到它们最可能隐藏在哪里。例如，獾主要吃蚯蚓，而蚯蚓喜欢有草的地方。所以丛林是寻找獾的脚印和它居住的洞穴的好地方。鹿吃树皮，所以你可以找找看，哪棵树的树皮上有刚被鹿啃过的垂直痕迹。

❻寻找足印。冬季特别适合，因为植物已经枯萎，所以在泥道上特别容易找到动物足迹。同样在雪地上也容易看见脚印。

❼寻找动物的家。许多林地动物都喜欢在地面上搭窝。

- 獾穴：最有可能建在倾斜的地面上，洞口很大，周围如果有新鲜的堆土，则意味着有獾正在那里居住。
- 兔子洞：最可能建在山坡上或河岸上。洞口通常是圆形或椭圆形的。
- 田鼠洞：最可能建在树根底下。经常用树枝、泥土和石头伪装。
- 老鼠洞：最可能建在水的附近，或者某个遮盖物的下面，比如树根，外面可能有新挖的土。

❽寻找便便。这将有助你辨别动物的身份。如果是新鲜的便便，这意味着动物刚刚还在附近。网上也有一些很棒的动物便便识别图，我保证这个作业没有一个"宝宝兵"会抱怨。

❾寻找皮毛和羽毛。它们有时被钩在荆棘或篱笆上，这将会给我们提供一些线索，让我们知道刚才有什么动物经过。

寻找野生动物
如果你幸运地找到了野生动物，那么：

- **保持安静**：控制一下自己的喜悦之情，请保持安静，否则会把它们吓跑。

- **观察**：它们正在做什么？它们是动物幼崽还是年老的动物？除非你拍照时不会发出任何声音，或者不会眨一下眼睛，我的建议是只需静静地见证这些珍贵时刻。

已完成任务

特此证明：于_____（日期），我和突击队员爸爸一起响应了丛林动物的呼唤。

签名：_____

任务23：

成为跟踪高手

任务简介

- **地点**：地点不限。
- **场景**：夏天。
- **任务**：在不被察觉的情况下，尽可能地靠近目标。
- **时间**：取决于"宝宝兵"的耐心程度，至少1个小时。

任务要点

JT AT

工具清单：

❶伪装好的"宝宝兵"（详见"户外探险之任务28：迷彩伪装"）。

❷秒表或者计时表。

操作指南：

❶选择跟踪"目标"。我发现第一轮"目标"最好是突击队员爸爸。

❷"目标"站在某个观察地点，闭上眼睛，慢慢数到20，而**其余的玩家找地方藏好**。20是一个好数字，因为这样所有的玩家都不会跑得太远。

❸一旦数到20，"目标"抬起头，**秒表设置为10分钟开始**。"目标"开始扫描区域，寻找"跟踪者"。大家必须待在同一个区域（给缓慢移动的"跟踪者"一个机会接近"目标"）。确保他们使用一切感官工具（眼睛和耳朵）来找到"跟踪者"。

❹如果"目标"发现了一个"跟踪者"，就大喊："发现你了!"然后走过来摸一下。这时被发现的"跟踪者"站起来，"目标"则返回观察地点。

❺如果一个"跟踪者"设法摸到了"目标"，就赢得了比赛。胜利者可以选择做下一轮的目标或提名另一名玩家充当。

❻如果所有的"跟踪者"在10分钟内都没有被发现，那么"目标"需要说："跟踪结束。"所有的"跟踪者"站起来。最靠近目标的那个"跟踪者"获胜，获胜者可以选择成为下一轮的

"目标"或由他提名另一名玩家。

已完成任务

特此证明：于_____（日期），我和突击队员爸爸学习跟踪技巧。

签名：_____

任务24：

生火

任务简介

- **地点：** 林地。出发前请提前和土地所有者联系，以确定林地是否允许生火 。
- **场景：** 需要取暖或者做饭的时候。
- **任务：** 点火。
- **时间：** 30 分钟到数个小时。

任务要点

JT AT

工具清单：

❶火源：刚开始，火柴或者打火机都是不错的选择。高级的点火方法包括火石、钢、火钢或者摩擦起火。

❷石头：用来围成一个圈生火。

❸铲子：用来挖生火的坑（如果不使用石头圈的话）。

❹火种：将点火器生的火星引到柴火上。如果火种是潮湿的，则需要燃烧很长时间才能将它烘干。好的火种包括：干树枝、干草、树皮、棉花等。

❺引柴：需要比火种体积大，这样容易引燃，并产生持续的高温和火焰，以点燃主要的柴火。好的引柴包括：枯树枝、木柴或者厚纸板。

❻柴火：需要能够燃烧很长时间的材料。好的燃料包括：直径 2 厘米到 12 厘米长的干燥木材、泥煤、干动物粪便或者煤。

 警告：

　　在这个任务的每一个阶段，都需要小心谨慎，运用自己的常识，并切实做好监督工作。请事前给"宝宝兵"做好"安全边界"简报。在去森林探险之前，你可以先在花园里练习如何生火。

操作指南：

❶清理出一个直径约 1 ~ 2 米的圆形空地，为"火圈"。

❷在空地中间，用石头围成一圈来隔离火（或者用花园手锄挖一个深约 15 厘米的火坑）。

❸将"宝宝兵"收集的引柴放在火坑里或者火圈里。引柴需要堆放密集，这样容易点燃。同时中间要留些空隙，使得空气能够流通（火需要氧气才能燃烧）。

❹将"宝宝兵"收集的火种摆放在引柴上。首先用点火工具点燃火种，然后慢慢地添加更多的引柴。

❺轻轻地给点燃的火扇风，这样有了风就能够助长火势。

❻引火成功后，也就是当引柴烧得很旺的时候，就可以开始

加入木柴。

　　先添加体积小一点的木柴，一层一层慢慢加入更大的木柴。木柴的摆放方式决定燃烧的速度以及燃烧持续的时间。其中最有效的摆放形式就是圆锥形篝火。

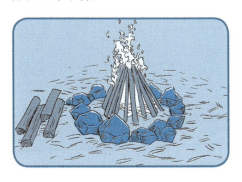

圆锥形篝火

- 将火种和几根引柴摆放成一个圆锥形。

- 在火种的上方，将四根引柴的树枝插进地面，形成一个蒙古包的形状。

- 中间要留些空隙能够把火种推进去，最好迎风，确保点燃的火焰吹向木柴。

- 将剩余的蒙古包篝火搭建好，先添加小一点的引柴，再加入大一点树枝，然后再添加圆木。确保树枝之间有缝隙能够保持空气流通。

- 将放在中间的火种点燃。

- 当火焰稳定下来，外面的圆木会向里靠，为篝火继续添加柴火。

安全灭火

火还没有自然烧完前，你如果打算离开营地，那么你需要将火完全熄灭，并且尽可能地将野营营地恢复原样。切记，突击队员爸爸在户外进行任何活动时，均采取"不留痕迹"的态度。

- 将正在燃烧的柴火相互隔开。
- 用水或者用砂来灭火。
- 直到不冒烟了，火才算真正熄灭。

已完成任务

　　特此证明： 于_____（日期），我和突击队员爸爸发挥了我们的原始本能_____生火。

　　签名： _____

任务 25：

在篝火上烤棉花糖

任务简介

- **地点：** 丛林，或者你的花园。
- **场景：** 篝火旁边。
- **任务：** 烤棉花糖，最好是在自己生的篝火上烤棉花糖。
- **时间：** 1 个小时用来生火（详见"任务 24：生火"），将 1 个棉花糖烤到香软可口大概需要 2 到 3 分钟。

任务要点

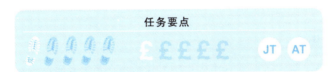

工具清单：

❶篝火。

❷棉花糖扦子：每个小组准备一个烧烤用的木制烤肉扦，至少和你的前臂一样长。如果长度不够，可以用绝缘胶带将两根连

125

在一起。

❸绝缘胶带。

❹可以坐的凳子。边烤棉花糖，边聊天。

❺厚厚的园艺手套：将东西从火里取出时（这项工作只能由突击队员爸爸来完成），用作安全防护。

 警告：

> 本次任务需要用火、棍子和烤融化的棉花糖。所以请时刻小心，运用你的常识，并且密切监督整个任务。而且，在开始之前，请为"宝宝兵"简要说明"安全边界"。

操作指南：

❶根据"任务24：生火"的操作指南，**将火点燃**。

❷让火一直燃烧，**烧到只剩下有余热的余烬为止**，这大概需要1个小时左右。这时候，就可以开始烤棉花糖了。

❸**安排座位**。圆木或者野营椅子都可以。

④将烤肉扦径直插进棉花糖的中心。这一步骤的关键是要准确插入，这样才能保证棉花糖每边都能烤得很均匀。

⑤将烤肉扦放在余烬上方几厘米处。注意，棉花糖不要碰到余烬，以免烤焦。

⑥慢慢转动烤肉扦，使它受热均匀。烤着的棉花糖会开始冒泡，颜色转变成金黄色。

⑦烤好的棉花糖外面是金黄色的，脆脆的，而里面是软软的，非常烫。所以你要告诉"宝宝兵"先晾几分钟，多吹一吹。等晾凉了一点，再小心地吃烤肉扦上的棉花糖。

❽美美地吃吧！重复以上步骤。

已完成任务

特此证明：于＿＿＿＿＿＿（日期），我和突击队员爸爸在自己生的篝火上烤棉花糖。

签名：＿＿＿＿＿＿

任务26:

用树枝搭建一个简易帐篷

任务简介

- **地点**: 丛林,秋天是最适合的季节,因为有足够多的叶子。
- **场景**: 选择天气不错的日子,尤其是你打算在野外露营的话。
- **任务**: 搭建一个天然的帐篷。
- **时间**: 至少2个小时。

任务要点

工具清单:

❶脊柱:一根又直又长的树枝,它需要和你的前臂一样粗。因为树枝的长度决定帐篷的长度,所以挑选的树枝要长于队伍里最高的那个人。而且,需要"活"的树枝,也就是选择绿色的、

富有汁液的树枝，因为这样的树枝牢固好用。

❷两棵粗壮的树：可以将脊柱倚靠在它们后面。树木需要比最高的那个人略高一点。

❸两根粗壮的叉棍：用来支撑脊柱，高度正好在最高的那个人的胸腔那里。而且，需要是"活"的树枝。

❹枝叶（林地上的叶子），用来搭帐篷屋顶的长树枝，以及大量的小树枝和枝条。

警告：

    你可能需要使用锯子和刀来完成本项任务。所以必须格外小心。并且，请查看"刀和法律"，以确保自己了解并严格遵循相关法律。

操作指南：

野外用树枝搭建帐篷，在选择搭建地点上要多利用周围环境，因此，您需要考虑以下因素：

- **搭建材料**。如果用树枝搭建帐篷，你需要选择一个有很多枝条、杆、叶和蕨类植物的搭建地点。

- **舒适度**。野外帐篷的基本要求：防止害虫、野兽侵扰，隔潮、防风、防雨。所以在开始搭建之前，检查地上有没有树根或者石头，附近有没有昆虫巢穴，地面是否潮湿，如果下大雨的话，帐篷会不会淹水。

- **安全**。开始搭建之前，观察周围环境，检查是否有潜在危险，比如倒塌的树木、积水等。

❶选好了最佳的搭建地点以后，将两个分叉的棍子倚靠在你选定的树木之间。

❷将脊柱搁置在两根枝杈上，确保两头超过所选树木的长度，每端凸出至少30厘米。

❸调整两根叉枝的倾斜角度，大约在45度左右，并确保它们的另一端嵌入地面18厘米至20厘米，以防滑动。这个倾斜度刚好可以把脊柱固定住，并且防止它横向移动。

❹测试脊柱是否牢固。你可以将自己悬吊在脊柱中间位置，以检查它是否能支撑你的重量。如果可以，那么继续搭建。如果不行，则需要再找另一根脊柱。

❺脊柱和枝杈形成的45度倾斜给帐篷提供了一个"屋顶"，接下来开始搭建防水的帐篷外部。

❻将长树枝和树干靠在脊柱上，每两根之间相隔大约30厘米。它们必须比脊柱高出20~30厘米左右，用作屋顶的支撑物。

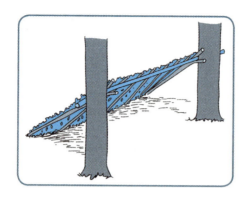

❼在屋顶的支撑物上面开始堆放树枝、树叶、枝条。覆盖物应该厚密且结实。为了确保其能够遮蔽防雨，厚度应该在拳头到手肘之间。

❽从下往上铺，一层一层地铺满树叶。

❾如果你觉得帐篷外部已经完工，那先进去躺好。如果上面还能透出光线，那么再添加一些叶子。

❿准备搭建帐篷的地板。
- 底部铺垫枝条防寒，隔离冰冷的地面。
- 枝叶堆成的"床垫"要厚。

帐篷的目的是为了给所有的"宝宝兵"提供遮蔽物。搭建得过大不仅浪费时间精力资源，而且帐篷里面的额外空间会降低它的避寒能力。不如小一点的帐篷温暖舒适。

已完成任务

特此证明： 于＿＿＿＿＿＿（日期），我和突击队员爸爸一起搭建了野外帐篷。

签名： ＿＿＿＿＿＿＿

任务27：

用防水篷布搭建一个简易帐篷

任务简介

- **地点**：在丛林里，但是需和土地拥有者事前确定好，是否可以在他的丛林里搭建帐篷，或者是否可以执行"夜间行动"。
- **场景**：选择天气不错的日子，尤其是你打算野外露营的话。
- **任务**：搭建一个"天篷"。
- **时间**：至少 2 个小时。

任务要点

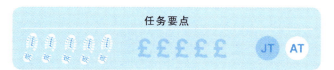

工具清单：

❶ 带有套扣（搭建帐篷用的加固孔）的篷布：按照你的小部队的人数，选择尺寸合适的篷布，并且还需兼顾帐篷款式。

❷伞绳，线，或者麻绳：用来将篷布绑到树上。需要 6 到 8 根，每根 1 米长度。绳子长一点总是更好，因为你可以将它们绑好，做成你所需要的长度。

❸3 根木桩：用来将帐篷固定在地上。它们需要 15 厘米长，3 厘米宽。可以在地上寻找适合的树枝，或者如果你有帐篷钉桩的话，也可以使用普通的钉桩。

❹锤子：如果有锤子，可以用它将木桩或者帐篷钉桩打进地面。如果没有锤子，也可以使用地上的石头，这个任务交给突击队员爸爸或者"高级宝宝兵（AT）"完成。

❺两棵树：用来固定帐篷，相隔大约 3～5 米远。

❻枝叶（地上的树叶），以及大量的树枝和枝条。

开始前：

为了将帐篷固定，有三种绳结你需要了解：

- 将中轴主绳的末端固定，你可以使用**西伯利亚套结**。

- 将中轴主绳拉紧，你可以使用**车夫结**。这个绳结可以将帐篷绷紧。

- 将帐篷各个角固定，你需要可以调节的绳结，所以可以使用**拉绳结**。

- 一旦你掌握了这三种绳结的打法，可以翻到 140 页查看它们的运用方法。

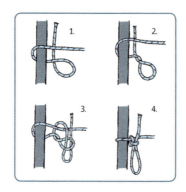

西伯利亚套结

- 将绳子/伞绳绕在树上，然后将绳头放在中轴主绳的下面。

- 将绳头做一个绳环，并确保绕着大树的两端绳索是平行的（详见图表中的步骤1）。

- 将绳环扭一圈（详见步骤2）。

- 将绳头做一个绳耳，然后从绳环里面穿过，将两端拉紧（详见步骤3）。

- 如果你要解开绳结，只要拉一下绳头就松开了。

车夫结

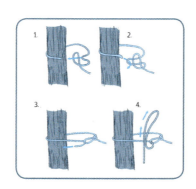

- 将绳子/伞绳绕过树干，做成一个绳环。

- 将绳子的中间部分做成一个绳耳，然后将它穿过刚刚形成的绳环（详见上图步骤1）。两端拉紧，在主绳上再形成一个绳环（见步骤2）。

- 将绳头穿进步骤2形成的绳环，做成一个套环。然后把绳头拉向树干，绷紧主轴中线（见步骤3）。确保你现在绳头那端至少还留有20厘米长的绳子。

- 如果绳子已经绷得够紧，那么将绳头握紧。在绳头那端做一个大大的绳耳，使它悬吊在主绳上（见步骤4）。

- 拿着绳头做一个绳耳，然后将它放在下面，从悬吊的那个绳耳中间穿过。抓住第二个绳耳使绳子绷紧。这样你就打好了一个可以快速解开的绳结，即只需拉一下绳头就可以松开。

拉绳结

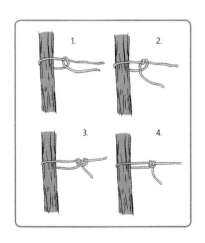

- 这是一个可以调节的绳结。用旋圆双半结将绳子的一头系在帐篷上。
- 把绳子/伞绳绕过树干，将绳头绕在靠近帐篷的那段绳子上。
- 将绳头绕着帐篷绳子转三圈，然后使它与帐篷的绳子平行。
- 往下再绕一圈，然后从中间穿过去。现在你就通过可以上下拉绳结，以调节绳子的松紧。

操作指南：

❶因地制宜是搭建帐篷的关键。以下操作指南主要是针对搭建中脊屋顶式的帐篷，但是你也可以搭建更传统的"A"型帐篷，或者其他的各种模式。

❷在你搭建帐篷之前，你需要选好搭建地址，所以请事先考虑以下因素：

- **搭建材料**。搭建帐篷的话，选址必须有两棵间隔大约 3 ~ 5 米的树木。
- **舒适度**。野外帐篷的基本要求：防止害虫和野兽侵扰、隔潮、防风、防雨。所以在开始搭建之前，检查地上有没有树根或者石头，不然躺在上面会非常不舒服。远离昆虫巢穴。确保地面不潮湿，并且如果下大雨的话，帐篷不会淹水。
- **安全**。开始搭建之前，观察周围环境，检查是否存在潜在危险，比如倒塌的树木、积水等。

支起帐篷的操作指南

将帐篷支起来，并将它固定：

❶使用两根小树枝将绳子/伞绳固定在帐篷各角的套扣里。这样可以确保受力均匀，防止某个套扣被撕裂。你可以使用旋圆双半结将帐篷的绳子/伞绳绑在套扣上。

❷使用西伯利亚绳结，将帐篷的一端绑在第一棵树上，高度大概在肩膀的位置。

❸使用车夫绳结，将帐篷的另一端绑在另一棵树上，并将绳子拉紧。帐篷绷得越紧就越牢固。

❹最后固定帐篷各角与地丁。使用拉绳结将帐篷底下的套扣绑紧，然后将帐篷固定在地面上。

❺钻到帐篷下面试一试。

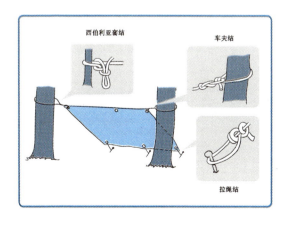

"夜间行动" 的准备清单

- 首要考虑的第一件事就是从领地主人那里获取可以在其领土过夜的许可。这是基本的礼貌,而且作为一名突击队员爸爸,最重要的就是尊重他人。

- 帐篷和卧具:除了搭建帐篷和基本的任务冒险工具以外,你需要为每个"宝宝兵"准备好一个地垫和睡袋,这样才可以在野外睡得舒服。你也可以携带毯子,但是如果某个"宝宝兵"特别爱霸占毯子,这可能会成为冲突的导火索!

- 厕所设施:露营地点可能不提供厕所设施。野外小便问题还不大,但是野外大便很有挑战性呀,所以充足的准备和事前的计划很重要。你需要使用突击队员爸爸的常识,并考虑到"宝宝兵"的年龄情况,来判断孩子们现在是否能够接受"野外大便"!而且别忘了带厕纸!

- 水:如果你只计划露营一晚,那么最好自己带水。给每人准备几升水用于饮用以及煮饭应该就够了。

- 食物:同样,准备是关键。当你决定好了野营吃什么,请事先在大本营尽可能做好各项准备工作,然后将它们带到露营地点。比如,你准备煮汤,那么先把洋葱和胡萝卜在家里切好,装好袋后带到营地,需要的话就可以直接使用。记得提醒"宝宝兵"需要保持小手和餐具干净,这真的很重要哦!

- 零食：在工具袋里为"宝宝兵"准备好高热量的零食，这点真的很重要。户外探险会消耗大量的体力，千万不要让"宝宝兵"饥肠辘辘。准备像香蕉片（如果可以的话，尽量避免新鲜的生果，它们有可能在工具袋里"爆掉"），水果干和干果这样富含热量的零食。光滑的巧克力也总是很受"宝宝兵"的欢迎。

- 离开前请将野营营地收拾干净。突击队员爸爸不在原地留下痕迹，在野外露营更应如此。离开前请务必把所有的东西带走。下次别人来野营，也可以像你一样享受到没有被破坏的丛林。

已完成任务

特此证明：于_____（日期），我和突击队员爸爸用防水帆布搭建了一个"天篷"，并使用绳结和地钉固定。

签名：_____

任务28：

迷彩伪装

任务简介

- **地点**：丛林。
- **场景**：任何场景都可以，但是你要考虑到你的迷彩伪装是否能融合于周围背景中。以下是夏天进行迷彩伪装的具体介绍。
- **任务**：有效地利用伪装将自己隐形。
- **时间**：30 分钟。

任务要点

工具清单：

❶迷彩霜或者脸部涂料：用来伪装脸和手。迷彩霜可以在露营地或者钓鱼商店购买，脸部涂料也一样有效。

❷婴儿湿巾纸：任务结束后用于清洁。切记，突击队员爸爸不在原地留下痕迹，所以离开前请务必将所有用过的湿巾纸带走。

❸照相机：用来记录"宝宝部队"如何融入于背景中。

❹深色的靴子或者雨靴（旁边可以垫树叶）。如果没有的话，那就用深色的运动鞋代替。

❺适合探险用的破旧衣服。

❻一件深色的外套，最好带有兜帽。

❼厚一点的大号松紧带：用来将树叶绑到身上。但切勿绑得太紧，否则会不舒服。

❽枝叶：在森林的地上捡到的叶子，但需仔细筛选，避免带有荆棘和毛刺的叶子。

适合招待其他"宝宝部队"的游戏

警告：

　　绝对不能使用鞋油来代替迷彩涂料。因为它是油性的，无论你怎么用力清洗，也很难完全弄干净。

操作指南：

❶宝宝兵需要互相帮忙才能成功完成这项任务，所以他们全程都需要采用"伙伴互助体系"。

❷**潜入丛林。**鼓励"宝宝兵"观察周围的环境，并将观察到的植物、树木、叶子和地面的颜色变化记录下来。

❸**任务开始了，首先涂上迷彩霜或者脸部涂料。**好朋友们互相在对方的脸上涂抹颜料。颧骨、鼻子、额头的部位尤其要掩盖好，最后涂抹耳朵和脖子。

涂抹不够

涂抹刚好

涂抹太多

❹ **"宝宝兵"将3到4根松紧带绑到胳膊和腿上，然后轮流为对方伪装打扮。**这包括将叶子塞进松紧带下面，不停地加叶子，直到"宝宝兵"的装扮看起来像一个树丛为止。还可以再添加松紧带。切勿将"宝宝兵"的胳膊和腿上的松紧带绑得过紧。

同样，往靴子里塞叶子。但是"宝宝兵"应该还是可以行动自如的，因为他们下一个任务就是帮助伙伴们进行伪装。

❺ **测试一下伪装效果。**最有效的测试方法就是玩一个像"任务23：成为跟踪专家"的游戏，实地操练一下。

这个游戏有助于培养孩子的团队精神，也培养了他们观察周围环境的能力。他们需要因地制宜，进行调整适应，以找到所需的材料，将自己融合于背景中。

已完成任务

特此证明：于_____（日期），我和突击队员爸爸学会了如何在白天隐身。

签名：_____

第五章

开阔的室外任务

任务29：

完成计时野战课程

任务简介

- **地点：** 公园，大花园或者任何宽阔的室外空间。
- **场景：** 任何场景。
- **任务：** 以最快的速度完成花园突击课程。如果在公园进行突击训练，挑一个公园里人少的日子（比如，寒冷的天气或者下雨天），以免交火时其他人无辜遭殃。
- **时间：** 取决于课程的长度和难度。设施的搭建和拆除，加上突击课程的执行时间，至少需要 1 个小时。

任务要点

JT AT

工具清单：

❶抓力好的运动鞋。

❷适合探险用的破旧衣服。

❸防水的笔记本。

❹铅笔。

❺为"宝宝兵"准备饮水。

❻哨子。

开展突击课程所需设施：

❶从大本营带好合适的设备：呼啦圈、跳绳、球棒和球等。

❷在室外找到合适的设备：长椅、树木、树丛等。

操作指南：

❶**检查周围环境是否存在潜在危险**：比如碎玻璃片、藏在草丛的物品、尖利的边缘、狗屎等。

❷**如果需要搭建临时跑道**，你可以和"宝宝兵"一起来完成。根据他们的能力和空间的大小来设置障碍。下面有几个点子供你参考：

• 呼啦圈："宝宝兵"需要拿起呼啦圈，转几个整圈。

- 跳绳："宝宝兵"必须完成一套指定的跳绳动作，或者可以将绳子放在地上走钢丝。
- 突击队员爬行训练："宝宝兵"必须把肚皮贴在草地上，从固定在草地上的帆布或者攀爬网下面爬过去。
- 球技：将一个球或多个球扔进桶里（根据"宝宝兵"的能力，使用大球或小球，距离也可以调整）
- 体育运动：利用室外空间，让"宝宝兵"从 A 点跑到 B 点，也可以做侧手翻或前滚翻。

❸**确保有一个终点**，每个人瞄准目标前进。

❹**搭建好设施以后，给宝宝兵做"简报"。**最好你自己亲自演示一遍，确保每个人都清楚游戏规则以及需要完成的任务。

每次只能一人进行突击训练，而你和其他的"宝宝部队"则一起大声为他欢呼鼓掌。

❺当你演示的时候，**请一位"宝宝兵"为你计时。**

❻**将每个人的用时记录在笔记本上。**这样每个人都有机会找到自己最擅长的项目，然后超越自我。

公园里进行突击训练，你需要找一个带适当设备的公园：滑梯、猴栏、攀爬架和墙壁、消防员的柱子等。

已完成任务

特此证明： 于＿＿＿＿＿＿（日期），我和突击队员爸爸进行突击队训练，并创了个人最佳纪录。

指挥官宝宝最好的纪录：＿＿＿＿＿我的最高纪录：＿＿＿＿＿

签名：＿＿＿＿＿＿＿

任务30：

扫雷

任务要点

£ £ £ £ £ 　　JT　AT

工具清单：

❶适合探险用的破旧衣服。

❷地雷：我一般使用土豆，其他软一点的小东西也可以，然后需要一个装"地雷"的袋子。

152

❸雷区的标记：比如棍子或者不要的旧衣服。

❹蒙眼布。

❺秒表或者其他计时设备。

❻笔记本和笔：用来记录清除的地雷数量（从雷区清除地雷）。

> 如果宝宝兵人数很多，将他们分成小组，并记下每个成员为其小组清除的地雷数。

操作指南：

❶突击队员爸爸对周围环境进行安全检查以后，用木棍标记出雷区。

❷将第一个选手的眼睛蒙上。

❸将地雷（土豆）随机撒在雷区。雷区外指派一名选手来指导扫雷人员进入。然后扫雷的人趴在地上，大喊一声："准备好了!"

❹5 分钟计时开始。扫雷人员在雷区里爬动，而组里其他成员喊指令，比如"更暖了"或"更冷了"，分别代表离目标越来越近或者越来越远，还有"前进"，"后退"，"向左"和"向右"等指令。

❺扫雷人员**一边听小组指令，一边用手摸索雷区**。如果找到了一个雷，那么将它捡起来并装进扫雷袋里。

❻**还剩最后 30 秒时，小组需要引导扫雷人员离开雷区**。如果游戏结束，扫雷人员仍留在雷区，那么他清除的雷一个也不算。

游戏最后，扫雷记录最高的"宝宝部队"就是冠军。

这轮结束以后，你将下一个扫雷人员的眼睛蒙上，再次将地雷撒在雷区，为下一轮扫雷做好准备。

已完成任务

特此证明：于_____（日期），我和突击队员爸爸穿过雷区。

突击队员爸爸清除了_____地雷，我清除了_____地雷。

签名：_____

任务31:

放风筝

任务简介

- **地点**：宽阔的空地，远离树木和电线杆等障碍物。
- **场景**：有风，但风力不能超过蒲福风力等级的 6 级（参看下页），切勿在暴雨天气放风筝。
- **任务**：放风筝。
- **时间**：取决于风能够刮多久以及"宝宝兵"的兴趣能够持续多久。

任务要点

工具清单:

❶风筝（查看"制作探险之任务42：制作风筝"）。

放风筝完全取决于天气状况。经验和技巧可以让风筝放得更好，但也不是绝对如此。没有风或者风力太强都不适合放风筝。所以放风筝那天，请提前查看天气预报，了解风力情况。

蒲福风力等级

风力	描述	级别
0	静，烟直上。	无风
1	炊烟可表示风向，风标不动。	软风
2	风拂面，树叶有声，普通风标转动。	轻风
3	树叶及小枝摇动，旌旗招展。	微风
4	尘沙飞扬，纸片飞舞，小树干摇动。	和风
5	有叶之小树摇摆，内陆水面有小波。	清风
6	大树枝摇动，电线呼呼有声，举伞困难。	强风
7	全树摇动，迎风步行有阻力。	疾风
8	小枝吹折，逆风前进困难。	大风
9	烟突屋瓦等被吹损。	烈风
10	陆上不常见，有则拔树倒屋或有其他损毁。	暴风
11	陆上绝少，有则必有重大灾害。	狂风
12	陆上几乎不可见，有则必造成大量人员伤亡。	飓风

操作指南：

❶放风筝时，需要使用"伙伴互助体系"。

❷**确保周围无障碍物。**一个人手持风筝，站在风筝背后；另一个人拿着风筝线，把线慢慢放出 10 米左右。风应该吹向手持风筝的那个人的背后（如果风在风筝后面，那么风筝会被吹下来，而不是拉上去）。

❸**升放风筝：**

- 等到风力适宜时，放风筝的人示意持风筝的人放开风筝，而持风筝的人则将风筝向上抛出去。
- 风筝一升放，拿线的人应该奔跑数步，让风筝借助人的拉力和风力升起。
- 风筝高高升起：多放出一点线。
- 风筝下降：收回一部分线，将线绕在线拐上。

❹随着风速不断调整风筝。

已完成任务

　　特此证明：于＿＿＿＿＿＿＿＿（日期），我和突击队员爸爸将风筝高高升起。

　　签名：＿＿＿＿＿＿＿＿

任务 32：

认识指南针

任务简介

- **地点**：无限制。
- **场景**：无限制。
- **任务**：学习指南针的基本原理并且用它判断前进的方向。
- **时间**：一个小时。

任务要点

工具清单：

❶指南针

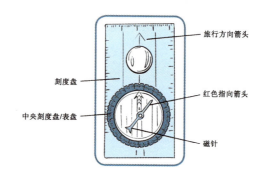

旅行方向箭头

刻度盘

中央刻度盘/表盘

红色指向箭头

磁针

操作指南：

"宝宝兵"在学习使用指南针之前，必须先对它的基本构造有所了解。基本原理就是其指针被吸引指向磁北和磁南，也就是地球磁场的两级。

"宝宝兵"可以：

❶**握指南针的方式要正确**：将指南针平放在手掌上，手掌则放在胸前。

❷**通过磁针**（指南针上唯一移动的部分）**来判断他们面对的方向**。也可以按照"宝宝兵"的行进方向来旋转中央刻度盘。

- 如果"宝宝兵"正对着北方，那么指北（红色）箭头指向北方。
- 如果"宝宝兵"没有对着北方，磁针将会移向指北（红色）箭头的左边或者右边。
- **磁针一直指向磁场的北方。**
- "宝宝兵"可以调整指南针的中央刻度盘，直到指北（红色）箭头与磁盘上的北方重合。
- 旅行方向箭头显示的是"宝宝部队"面对的方向。箭头可能在两个方向之间：
- 东方和北方：东北。
- 东方和南方：东南。
- 西方和南方：西南。
- 西方和北方：西北。

❸找到指向箭头和刻度盘的汇合点，可以得到更加精准的方位。比如，如果在 60 度相交，那么"宝宝兵"面前的方向就是 60 度（比如，西北 60 度）。

鼓励"宝宝兵"在不同的地方使用指南针来识别方位，直到他们熟练掌握指南针的用法以及基本工作原理。

已完成任务

特此证明： 于＿＿＿＿＿＿＿（日期），我和突击队员爸爸开始学习使用指南针，为将来的探险打好基础。

签名：＿＿＿＿＿＿＿

任务 33：

认识地图

任务要点

工具清单：

❶每人一份导航地区的路线图。你可以自己准备，但是如果这个地方有配套的旅客中心，也可以使用当地的简易地图。

❷为每位探险者准备一份路线卡片。先将路线分成若干个分

段，每个分段都标好有显著特征的起点和终点（环境里的永久物，比如垃圾桶，公园的长凳，或者树木等等）。

❸每人一支铅笔。

❹指南针。

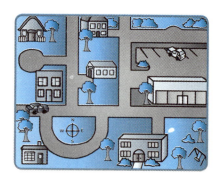

日期：		名字		
阶段	起点	方向	度数	终点
阶段 1	停车场	西北	320 度	橡树
阶段 2				
阶段 3				
阶段 4				
阶段 5				

操作指南：

任务开始前：

每人轮流使用指南针和地图导航。只用一个指南针，这样你更容易确保"宝宝兵"能够正确地读指南针，并且可以相互合作。

- 将"宝宝部队"带到起点位置。

- 分发路线地图、路线卡片以及铅笔。

- 填好日期和名字。

- 选择谁来第一个进行导航。

❶ 读指南针

- "宝宝兵"熟练掌握指南针的基本工作原理（查看"任务32：认识指南针"）。

- 例示路线上的第一步就是朝西北方向前进，或者320度。

- 在地图上找到西北方（或者如果"宝宝兵"喜欢按照度数导航，找到320度）。

- 旋转中央刻度盘，直到方向箭头和磁针北边那一端呈一条直线。

- 转动身体，直到磁针北端与方向箭头呈一条直线。

- 必须确保指南针的指北（红色）箭头指向磁场的北方。不然如果磁针的红色部分指向南方（看起来也好像吻合了），"宝宝部队"前进的方向就完全相反了。

❷ "宝宝兵"朝着正确的方向前进，直到抵达路线卡片上的

终点。他们也可以在地图上将路线标出来。

❸ 到达终点后，换下一个"宝宝兵"导航。

已完成任务

特此证明：于_____（日期），我和突击队员爸爸使用地图导航。

签名：_____

第六章

冬天任务

任务 34：

用雪建一个堡垒

任务简介

- **地点**：广阔的室外空地，雪天。两个最重要的材料是雪和冰。
- **场景**：深深的、新鲜的、厚厚的、没有被破坏的雪。
- **任务**：用雪搭建一个城堡，用来抵御外侵。
- **时间**：取决于你想搭建多大的城堡。城堡越大，花的时间越久，但至少需要 1 个小时。

任务要点

JT AT

工具清单：

❶厚厚的积雪。

❷避寒保暖的衣服。

❸用于制作雪块的矩形容器，空的冰淇淋桶或者塑料容器都可以。但如果容器过大，制成的雪块就会过重，变得难以搬动。

❹铲子：用来标记城堡，将雪装进容器里，还可以用于铲平墙面。你需要一个重型铲子来制作城堡的主体部分。但是还需要为"宝宝兵"准备几把小铲子（最理想的就是沙堡铲子）。

❺一块小木板用作门楣（如有需要）。

❻水桶：用来装水泼到墙面上，以防止其融化，或者用来装饰墙面（如有需要）。

❼给"宝宝兵"饮用的水以及用于于墙面的水。

操作指南：

❶**设计城堡的结构**。前一天晚上下雪的时候，你可以在大本营做好设计。

❷**找到一个完美的地点**。找一个好的雪堆，确保雪堆厚实，不松软。好的雪堆可以减少"宝宝兵"的工作量，你们只需将雪做成块即可。

到达选址后：

• 测量并标出堡垒的尺寸（"宝宝兵"用步丈量）。

- 用铲子标出堡垒的周边。

- 如果雪堆不是特别大，最好堆一个单面墙壁，两边带有两翼的堡垒。

- 如果雪堆非常大，可以按照你在大本营设计好的完美结构进行搭建。

- 开始制作雪块。

❸用雪搭建堡垒：

- 制作墙体：尽量垂直地堆砌雪块，就像砖瓦工一样，先将墙体的第一层垒好，然后往上堆砌第二层，这样每层都横跨在下一层的上面。中间的缝隙可用雪来填充。

- 墙体堆到适合的高度以后，开始装饰墙面。使用水桶制作出堡垒的形状，砌出小窗户等。

- 如果你堆的是方形堡垒，想做一个门（当然是在后面），你可以先把门的位置留出来。对于一个崭露头角的"建筑师"，你可能还想加一个门楣（在适合的高度，将一块木板放在空隙的顶部），然后在上面堆砌雪块，将墙体堆得越来越高。

❹将墙体加固。

- 如果气温在零度以下，你可以用水来涂抹墙面（用水桶，或者在大本营，用水管将水浇上去）。但是，请注意，如果气温在零度以上，那么这样做只会将堡垒的外墙变成雪泥。

已完成任务

特此证明：于_____（日期），我和突击队员爸爸一起搭建了一个坚固的雪堡。

签名：_____

任务 35：

滑雪橇

任务简介

- **地点**：下雪天，但是不要结冰。
- **场景**：白天，适合的雪坡（详见下文）。
- **任务**：滑雪橇，并注意安全与保暖。
- **时间**：数小时。

任务要点

工具清单：

❶雪橇。

❷避寒保暖的衣服。

❸头盔。如果有的话，准备冬季运动头盔；如果没有的话，

也可以使用自行车头盔。为了避免孩子们抱怨，最保险的做法就是你自己戴好头盔，这样他们也会效仿你的。

❹冬季服饰。多穿几层要好于一件厚重的衣服，而防水的裤子比牛仔裤更适合。

❺切勿穿着会被卡进去的服饰。比如围巾和长的帽子，滑雪橇的时候，这些服饰可能会卡住某些东西，有可能会引起事故。

❻给嘴唇和鼻子涂上凡士林。

❼防晒霜。紫外线会在雪的表面反射。

❽流鼻涕时用的纸巾。

❾热汤或者其他热饮，让孩子重新打起精神，别忘了带上餐具。

操作指南：

❶找到一个适当的坡顶。

❷一直滑到底。

❸重复。

滑雪橇的规则简单易懂，但是只有遵循这些规则，才能确保全体"宝宝部队"滑雪成功。

取得滑雪成功的黄金法则

必须做：

- 找一个坡度较缓的山坡，并且确保山底有一块平坦的空地，这样你可以慢慢地滑停。

- 挑选白天能见度较高的时候。确保你能一路看见山坡的底部。出发前请确保滑坡没有人，并且你可以清楚地看见滑行的前方位置。

- 确保有足够的雪量。细小的雪尘会使得滑行很颠簸，造成不适，而且可能你还没有到达山底就停下来了。

- 记得中途休息，进行休整。避免感冒，喝点热汤来补充能量。

- 当心出现滑雪事故，撞到其他的滑雪者。一旦你停下来，请走到雪坡的旁边，不要挡住其他人。也不要逆向迎着"车流"往上爬。走到雪坡的旁边，再一路爬上去。

不应该做：

- 禁止从陡坡或者尽头是马路、河流、湖泊、树木等危险的山坡滑下来。

- 禁止在结冰的情况下滑雪橇，因为地面太硬。

- 禁止障碍滑雪橇（比如有树木）。除非你已经熟练掌握了滑雪的技巧。
- 滑雪的时候禁止头朝下，即使你佩戴了头盔也不可以。

已完成任务

特此证明： 于_____（日期），我和突击队员爸爸一起征服了雪坡。

签名：_____

任务 36:

制作完美雪球

任务简介

- **地点**：任何地方。空间越大，打起雪仗来就更好玩，但是要确保周围没有"平民"，我们当然不想造成附带损害。
- **场景**：厚密的雪。
- **任务**：制作雪球。
- **时间**：取决于雪球的数量，但至少需要 40 分钟。

任务要点

££££ JT AT

工具清单：

❶ 雪。

❷ 避寒保暖的衣服：帽子、手套、外套、靴子。多穿儿层要

好于一件厚重的衣服，而防水的裤子比牛仔裤更适合。

上战场进行"突袭"之前，可以事先在大本营进行目标演练。

操作指南：

❶**雪要厚密**。太轻的雪尘不能凝结在一起。而湿雪泥泞，这就意味着结成团后将会变得很硬，这样打雪仗时万一被击中，就会很疼。

❷**佩戴不连手指的手套**，而不是连指手套，因为你需要灵活的手指来制作雪球，并将它精准地扔出去。

❸**制作雪球**。戴好手套，双手放进雪里，把雪聚拢在一块，做成 1 个小雪堆。然后用双手舀起一把雪，将它压紧，继续将它制作成一个圆圆的流线型的漂亮雪球，这样确保雪球不会从中间断开。（如果刚开始塑形的时候只是一味地挤压，那么中间很可能会塌掉，雪球则变成两半。）如果你用手压雪球感到有阻力，那雪球就制作好了。

❹**建一个"子弹库"**。如果从雪堡里面打雪仗（查看"任务34：用雪建一个堡垒"），你可以快速连续地向敌人开火，而他们却还在制作单个雪球予以反击。他们好可怜呀！

已完成任务

　　特此证明：于＿＿＿＿＿＿（日期），我和突击队员爸爸制作了完美雪球。

　　签名：＿＿＿＿＿＿

第七章

沙滩任务

任务37:

潮水潭探秘

任务简介

- **地点**：沙滩，干燥平静的天气。（一般 5 月 ~ 9 月是最佳季节）
- **场景**：海水退下去以后，会在石头中间出现一个小小的水潭，那就是潮水潭。
- **任务**：找到潮水潭，并在里面探秘，但是不要打扰里面的生物哦。
- **时间**：至少 1 个小时，但是视你的发现而定，也可能需要更长的时间。

任务要点

JT AT

工具清单:

❶雨靴或者抓力好的旧球鞋（在爬滑溜溜的岩石时候，可以保护"宝宝兵"的安全，并保持脚不被打湿）。

❷透明的水桶或塑料桶，这样可以多角度地观察小动物。

❸如果有放大镜的话，准备一个。

❹如果太阳很大的话，携带太阳帽和防晒霜。

❺如果想拍照纪念的话（禁止将潮水潭发现的生物带回大本营），准备一个照相机。

　　离海洋最近的潮水潭里有最棒的生物，你可以从那个水潭开始，然后顺着潮水的方向，沿着沙滩前进。

 警告：

　　在沙滩探险的时候，做好一切预防措施。比如，提前对将要去的海滩进行侦察，还需查看涨潮时间，并且严格遵守当地危险标记上的建议。"宝宝兵"在水边的时候，特别是有人不会游泳的话，务必要时刻小心。要注意你踩在哪里，以免岩石太滑。如果你的部队里有年龄稍长的"宝宝兵"，可以做带路人。如果看见有人在海里遇到危险，请立刻向救生员救助。如果没有救生员，立刻寻找警察的帮助（适合中国沿海）。

操作指南：

①**提前做好功课**。这是必要的一环，以确保你了解什么时候出发，去哪里寻找，并且可以找到的生物有哪些等。潮水潭里有许多大海留下的有趣的东西。根据不同的环境，比如岩石海岸线，卵石或沙滩，找到的野生生物也会有所不同。携带一份指南或者拍下照片，以便稍后进行比较。以下生物很常见：

- 鱼：
  - 鲶鱼。鲶鱼很常见，但是它一般会藏起来。它无鳞，颜色微暗，是橄榄绿色、灰色和棕色。
- 虾。
- 海星。
- 螃蟹：
  - 小心天鹅绒梭子蟹，它的眼睛是红色的，很容易识别。被它咬上一口非常难受，而且它真的会咬人。
- 软体动物、藤壶、海葵：
  - 寻找等指海葵，它看起来就像一朵小红花。禁止触摸，因为有可能会损坏其柔软的身体。

避免破坏潮水潭的规则

应该做：

- 保持潮水潭的原样。

- 把你搬动的岩石放回原处，因为这些岩石为栖息在那里的动物提供了宝贵的庇护所。

- 经常给水桶换水，以免水温上升，伤害到里面的生物。

- 把依附在上面的海藻留在原处。

不应该做：

- 禁止将生物带离它们的栖息所。如果你把它们放在水桶里，这只是为了让"宝宝兵"近距离观察生物而临时采取的措施。

- 禁止用网捕捞，因为这可能会伤害到潮水潭的栖息动物，用手或者干净的容器。

- 禁止将桶里装满生物，因为它们可能会打架。

已完成任务

特此证明： 于_____（日期），我和突击队员爸爸学习了更多关于海洋生物的知识。

签名：_____

潮水潭"识别"图

☐ 鲶鱼

☐ 对虾/虾

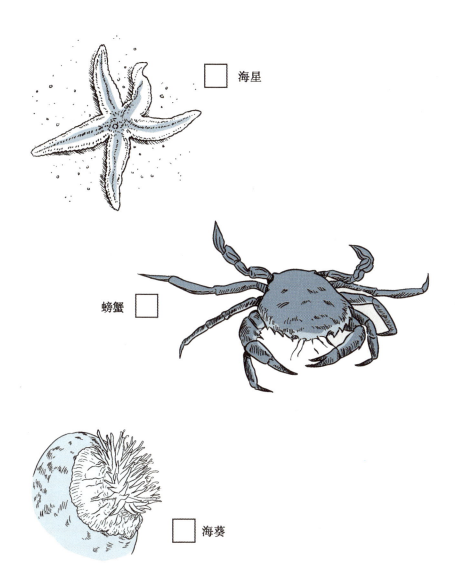

☐ 海星

螃蟹 ☐

☐ 海葵

任务38：

建造沙堡

任务简介

- **地点**：沙滩。
- **场景**：太阳天。
- **任务**：制作一个完美沙堡。
- **时间**：30分钟以上时间不定。潮水涌上来后，沙堡探险自然就结束了。

任务要点

JT　AT

工具清单：

❶桶：越大越好，用来建造城堡，还可用来运水。

❷铲子：越大越好。城堡建造的工作量可是很大哦。

❸如果阳光灿烂，可携带太阳帽和防晒霜。

❹如果想装饰一下沙堡，以下物品很有用：吸管、塑料勺子、挖球器、硅铲、调色刀等。

❺如果想拍照留念（禁止将你的发现带回大本营），可携带一个照相机。

警告：

　　沙滩探险时，请做好一切预防措施。比如，提前对要去的海滩进行侦察，还需查看涨潮时间（建造沙堡时这点尤其重要），并需严格遵守当地危险标记上的建议。"宝宝兵"在水边玩的时候，特别他们是还不会游泳的话，请一定要小心谨慎。如果看见有人在海里遇险，请立即向救生员救助。如果没有救生员，请立即寻找警察。

操作指南：

❶**设计沙堡结构**。你可以出发前在大本营里，或者刚刚抵达沙滩时完成，这会是一个很有趣的活动。找一根好用的树枝，在沙滩上将你的设计图勾画出来。

❷**用铲子标出沙堡的周边线。**

❸**利用一切可用的挖掘工具**，挖出沙堡的周线（这就是护城河），将挖出来的沙子堆到中间，等会可以用它们来建造沙堡的底部，这样看起来更雄伟，而且便于排水。

护城河建成后，将沙堆外部抹平，中间预留一个坑。

❹**添加水**。造沙堡需要水：沙子打湿了才能粘在一起塑造成理想的形状。用湿沙打好一个牢固的地基：加几桶水，然后将沙子夯实，再重复以上步骤，直到将开始预留的"坑底"填满。你可以使用铲子，也可以赤脚（后者更快）将湿沙压紧。

地基打好后，将桶装满湿沙，开始建造沙堡的主体结构。刚开始你可以使用最大号的桶。

建造的沙堡已经初现规模以后，下一步是装饰沙堡。可以使用大本营带来的工具造出你觉得合适的图案和门窗等。还可以使用浮木、贝壳以及其他沙滩上找到的宝物来装饰沙堡，这也是一种传统的沙堡装饰方法啦。

拍照留念。因为沙堡的沙来自大海，最终也还是会被海水冲走的！

已完成任务

特此证明：于＿＿＿＿＿＿＿＿＿（日期），我和突击队员爸爸建造了一个超级棒的沙堡。

签名：＿＿＿＿＿＿＿＿＿

第八章

河流湖泊任务

任务 39：

造木筏

任务简介

- **地点**：可以在大本营准备。
- **场景**：太阳天，一条浅浅的小河。
- **任务**：造一个可以在水里漂浮的小筏。
- **时间**：至少需要 30 分钟。

任务要点

JT AT

工具清单：

❶笔直的大树枝。

❷线。

❸刀或剪刀。

❹铅笔。

❺PVA 或者木胶。

操作指南:

"宝宝兵"可以:

❶**收集笔直的枝条**。如果枝条是弯曲的,那么小伐的孔就会很多,所以尽量挑选笔直的枝条。

❷将它们折断成长度大致相同的枝条,**每根大约20～30厘米长**。

❸将一根树枝平放在你面前,另一端再放一根枝条。

❹用反手结法打结，紧绕住第一根枝条（查看"大本营探险之任务 3：打绳结"），然后继续以交叉的方式不停地缠绕每根枝条（见下图），最后再打一个反手结固定住。

❺在树枝的第一端重复以上步骤。

❻最后在顶部用木胶将绳结固定住，接着等胶水干。

"宝宝兵"可以在树枝上写上名字，以确定哪艘木筏是自己的。

7进行木筏比赛：

- 在小溪里找一个合适的下水点。在这个下水点，所有的
  "宝宝兵"都可以轻松地穿过小溪。

- 将木筏放进小溪，让它们随着水飘。

- 确定比赛的终点。

- 第一个到达终点的木筏赢得胜利。

- 所有因为木筏所有权而引起的争吵，都将通过树枝上的名
  字来解决。

已完成任务

特此证明：于_____（日期），我和突击队员爸爸驾
驶小筏穿过激流。

签名：_____

任务40：

打水漂

任务简介

- **地点：**河流、湖泊或者水库。
- **场景：**平静的水面，灵巧有耐心的"宝宝兵"。
- **任务：**投掷石子，使它从水面上弹过去。
- **时间：**至少需要 20～30 分钟，取决于打水漂能否成功。

任务要点

JT AT

工具清单：

❶投掷的石头：轻而扁平，可以舒服地放在投掷人的食指和中指之间。石头越光滑越好（水的阻力小）。

❷桶：除非你想先收集石子。

警告：

"宝宝兵"在水边玩的时候，特别是他们还不会游泳的话，请一定要小心谨慎。

调整期望值。要想掌握一门技巧，需要多次的尝试和失败。有时候可能还学不会！即便你有合适的石子，合适的地点，以及恰当好处的力度，但还是无法成功。无论怎样，打水漂很值得学习，因为它非常吸引人眼球。

操作指南：

❶**握好石子**，将它置于食指和中指之间。

❷**摆好姿势**。

• 脸朝向水的方向。

• 弯曲你的膝盖来获得一个大约25度的角度，身体尽量低一点，因为你想石头在水面上弹跳起来，而不是将石子扔进水里。

• 手臂收回。

• 手腕回收，确保石子投掷出去的角度是水平的。

- 用最大的力度将手臂甩出去，接着就在你快要扔出石子的时候，弹一下手腕，快速地将石子平着投掷出去。
- 最后做一个强有力的随球动作。

❸数一数石子从水面上弹跳了几次。

已完成任务

　特此证明：于_____（日期），我和突击队员爸爸开始学习让石子在水面弹跳的技巧。

　签名：_____

任务41：

造水坝

任务简介

- **地点**：浅浅的小溪。
- **场景**：平静的水面，灵巧有耐心的"宝宝兵"，而且水流最好已经被某个障碍物（比如弯道或者树桩）所阻挡。
- **任务**：利用自然资源，建造一个有效的水坝。
- **时间**：至少30分钟。

任务要点

工具清单：

❶附近所有适合用来建造水坝的材料：岩石、石块、叶子、树枝、枝条、圆木等。

❷如果你想拍照永久留念，可以携带一个照相机。

这个活动可以锻炼"宝宝兵"解决问题的能力。

 警告：

　　"宝宝兵"在水边玩耍的时候，特别是他们还不会游泳的话，请一定要小心谨慎。操作步骤包括收集木头和石子。请务必运用自己的常识，并且密切做好监督的工作，以确保"宝宝兵"能够搬运建造水坝的材料，并且不会伤害到自己。

操作指南：

　　❶**在小溪里寻找一个合适的地点**。所有的"宝宝兵"都能够轻松地从小溪里淌过去。

　　❷**在附近区域寻找建造水坝的材料**。仅有三条规则：
- 已经在地上（禁止折树枝）。
- 可以使用随身携带的物品，但是它们必须适合在水里使用（比如，允许用水杯来装满河水）。
- 如果使用别人不小心落下来的物品，就必须将它们带回大本营回收。

　　❸**自下而上搭建水坝，就像海狸那样**。将体积较大的材料，

比如岩石和树枝，搭建在水坝的底部。如果"宝宝兵"愿意，还可以用泥土加固。将枝条、小石子以及叶子堆在上面作为水坝的顶部结构。

一旦建好水坝，你可以看看它可以保持多久而不被冲垮。

❹今日完工后，"宝宝兵"需要**将水坝拆除**，并确保清除所有的人造材料，使得河水可以再次自由流淌。

已完成任务

特此证明：于_____（日期），我和突击队员爸爸一起阻挡了凶猛的河流。

签名：_____

第四部分
制作探险

任务 42：

制作风筝

任务简介

- **地点：** 大本营。
- **场景：** 在有风的天气来临之前。
- **任务：** 制作一个经典的菱形风筝。
- **时间：** 30 分钟到数个小时。

任务要点

工具清单：

❶飞线。可以在网上购买风筝线，或者使用其他一些比较轻的合成线，钓鱼线就很合适。

❷络筒机。可以在网上或者专业风筝店购买，也可以用一块小木头和硬纸板来制作。

❸风帆。重型塑料袋，比如用来装花园废物的那种袋子。尺寸最好是 0.5 米宽，1 米长。

❹风筝架子。薄的，直径约 5 毫米的，规格适合于风帆的木销，在大多数的 DIY 商店都能买到。

❺电气绝缘胶带。

❻尺。

❼剪刀。

❽黑色记号笔。

❾用来切销子的小木锯或雕刻刀。

 警告：

操作指南中需要使用剪刀和小刀来切割销子（这可是相当复杂的），如果你打算让"宝宝兵"自己完成这些任务，请务必小心谨慎，运用自己的常识，并且切实做好监督工作。

操作指南：

❶制作风帆：

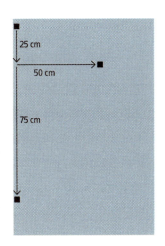

- 将袋子平放在地板上，封口的那边放在顶部。

- 从袋子左上角的下面一点点位置，开始测量塑料袋上的三个点，并标记出来（如右图）。

- 用尺子和记号笔将三个点连接起来。

- 把袋子翻过来，将所有的黑色线条画一遍。

- 沿着袋子的顶部和右边剪开。

- 将袋子打开，显示出风帆的完整轮廓。

- 拿剪刀将所有的黑线剪开。

- 打开袋子，现在菱形风筝的大致轮廓就做好了。

❷加上风筝架子：

- 将销子放在风帆的中间，它的一端和帆顶对齐。

- 将超出风帆底部的多余销子切掉。

- 切割 5 厘米的绝缘胶带，将销子固定在风筝的顶部和底部。

- 重复以上步骤，将销子横放在风筝上，从左到右固定好。

❸加上风筝线。

- 将风筝翻过来，用剪刀的最尖端，在塑料袋上两个销子的交叉处，戳两个小洞。
- 将风筝线的一头从洞里穿过去，紧紧地绑在两块木头上。
- 用绝缘胶带将绳结盖起来，紧紧地固定住。
- 将线的另一头绑在络筒机上，也可以是一块小木块或者厚纸板，以便你舒服地拿在手里。

❹用纸板制作络筒机：

- 拿一条硬纸板，其长度足够让"宝宝兵"用两只手握住。
- 在硬纸板的中心两侧切出两条缝，但是不要完全切断。
- 将线的一头搁在纸缝里，这样绕线的时候，就能够保持不动。

❺制作风筝尾巴：

- 用剩余的塑料袋，剪出一根长长的细条，大概 5 厘米宽，长度至少是风筝的 5 倍。
- 将尾巴的一端绕在风筝垂直的那根销子的底部。

风筝准备好了，现在你可以尝试本书里"户外探险之任务

31：放风筝"。

已完成任务

　　特此证明：于＿＿＿＿＿＿（日期），我和突击队员爸爸一起自制风筝。

　　签名：＿＿＿＿＿＿＿＿

任务43：

识别冠军栗子

任务简介

- **地点：** 广阔的室外。

- **场景：** 9 月中旬或下旬的七叶树下。

- **任务：** 找到一棵七叶树，使它的果实成为冠军栗子。

- **时间：** 找到适合的七叶树全凭运气，时间长短很难预测。
  但准备栗子并将它用线系好大概需要 30 分钟。

任务要点

££££ JT AT

工具清单：

❶七叶树。

❷塑料袋或桶（用来收集栗子）。

❸碗或水桶（用来挑选栗子）。

❹报纸（用来保护栗子）。

❺肉串扦子或十字头螺丝刀。

❻每个栗子需要 30 厘米的线。

❼120 毫升的醋。

❽壶。

 警告：

　　操作指南中包括使用扦子或者螺丝刀给栗子钻孔。

这个任务只能由突击队员爸爸完成。

　　时间越久，栗子会变得越硬。为了确保"宝宝兵"将今年的栗子冠军留到下一年，有远见的"宝宝部队"可以为来年多储存一些栗子。首先在栗子上穿个孔，但是不需要用醋浸泡，因为时间会起到同样的功效。

操作指南：

使栗子变硬只是一个传说，为了获得战术上的优势，也许你自有办法。这是一个我自己作为"宝宝兵"时觉得很有效的方法：

❶**收集栗子带回"大本营"。**

❷**打开绿色多刺的外壳，寻找以下这种栗子：**

- 没有开裂。
- 结实。
- 对称。

❸**将你挑选好的栗子扔进装水的碗里或者桶里。**如果漂浮起来，那么表示内部有伤，所以很不幸，它们不具备成为冠军的潜力，直接丢掉。

拿着那些"下沉"的栗子，进行以下几个步骤：

- 将醋倒进壶里。
- 把栗子扔进去。
- 让它浸泡 24 小时。

❹24 小时后，**将栗子从醋里取出**，放在厨房柜台的报纸上晾干。

❺晾干以后，使用肉串扦子或者小螺丝刀**将每个栗子穿个**

孔。然后拿一根线，用胶带将线的一端包好（就像鞋带一样），这样做有助于把线穿进去。

❻把这条线穿过栗子，并打一个绳结固定。

已完成任务

特此证明：于_____（日期），我和突击队员爸爸一起制作了冠军栗子。

签名：_____

任务 44：

制作打绳结的模板

任务简介

- **地点：** 大本营。
- **场景：** 场景不限。
- **任务：** 制作一个可携带的打结模板，这样"宝宝兵"可以用来练习四种绳结的打法：反手结、8 字结、平结以及单套结。
- **时间：** 制作模板的时间少于 30 分钟，但是可以用几个小时。

任务要点

工具清单：

❶硬纸板 28×21 厘米（大约）。

❷2.5 米单一颜色的线。

❸剪刀。

❹铅笔。

❺尺。

❻记号笔。

❼十字头螺丝刀。

---

i 注意：

　　这个模板不包括"丛林里的任务"里搭建营地所使用的结。那是因为这些绳结需要把油布绑在树上，这需要在野外进行练习。

⚠ 警告：

　　操作指示里包括使用螺丝刀在硬的纸板上穿孔，这个任务仅能由突击队员爸爸完成。而且，还需要用剪刀剪线，所以请一定要小心谨慎，运用自己的常识，并切实做好监督工作。

操作指南：

❶按照以下步骤，在纸板后面**测量两次，剪一次**：

- 间隔7厘米，画三条垂直的线，将纸板分成四列。
- 间隔7厘米，画两条平行的线，将纸板分成三行。

现在画好了12格。

- 第一行用于写标签。
- 第二行用来练习正确的打结方法。

• 第三行用来练习穿线。

❷在第二行和第三行的前三个格子的**正中心，穿一个孔**。

❸在第二行和第三行的最后一个格子**中间，穿两个孔**，间隔大约 3 厘米。

在正确的地方都做好了标记以后，用记号笔再涂一遍。

❹**打孔**。将纸板平放，把十字头螺丝刀钻进去打孔，将螺丝刀一直推到底。纸板的另一面重复上面步骤，一共打 10 个孔。

反手结	8 字结	单套结	平结/方结
◯	◯	◯	◯◯
◯	◯	◯	◯◯

❺**打结**。将线剪成 8 等份。线从孔里穿过去，在反面打一个终止结固定。最后一个格子除外，因为线头在模板的前面。

按照以下指令，在第二行练习正确打结（详见"大本营探索之任务 3：打绳结"）。

- 反手结 – 单孔。

- 8 字结 – 单孔。

- 单套结 – 单孔。

- 方结 – 两个孔。

⑥现在绳结模板已经准备好了。

如果要制作更牢固的绳结模板，你可以使用薄纸板和钻头，但是我觉得上述的方法更适合团队合作。

已完成任务

特此证明：于＿＿＿＿＿＿＿＿（日期），我和突击队员爸爸开始学习"熟能生巧"。

签名：＿＿＿＿＿＿＿＿

任务 45：

采集指纹

任务简介

- **地点：** 大本营。
- **场景：** 附近有肥皂和水的地方，确保指纹不会弄得到处都是。
- **任务：** 学习制作，发现并了解指纹。
- **时间：** 完成所有的制作步骤，总共需要 1 个小时。

任务要点

JT AT

工具清单：

制作指纹：

❶木炭笔或铅笔，是 HB（硬黑）或 B 级（黑色）。

❷纸：作为你的"印泥"。

❸浅色纸或卡片：用来显示指纹。

❹透明胶带。

粉末刷显指纹：

❶镜子。

❷软刷，最好是化妆刷。

❸一茶匙面粉或可可粉。

❹小碗。

❺一滴油。

❻浅色纸或卡片：用来显示指纹。

❼透明胶带。

操作指南：

制作指纹：

"宝宝兵"可以：

❶**制作印台**。用碳棒或者铅笔在一张纸上涂写，做出一个大约几厘米的黑色印记。

❷**制作指纹**。食指或大拇指按在黑色印记上。

❸**采集指纹**。手指上贴一个透明的胶带，用力地按在一个平面上，然后轻轻地把它剥下来。

❹将透明胶带贴在卡片上，卡片上就**留下了一个清晰的指纹**。

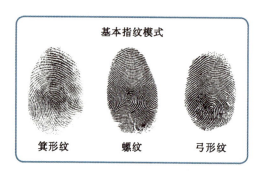

基本指纹模式

箕形纹　　　螺纹　　　弓形纹

灰尘采集指纹：

"宝宝兵"可以：

❶把一茶匙面粉倒进碗里。

❷手指上擦几滴油。手指需要像"刚刚吃完薯片"一样油。

❸将油油的手指按在干净的玻璃上。

❹将毛刷的尖头放在面粉里，轻轻地蘸点粉，粉不要太多（可以在碗的一边轻轻敲掉多余的粉）。

❺轻轻地用粉末刷玻璃表面。粉末一碰到油，指纹就会显示可见。

❻采集指纹：将透明胶带放在沾有粉末的指纹上，并将它按在一个平面上，轻轻地揭掉。

❼把胶带贴在浅色的纸上，以便你可以更仔细地观察指纹。

如果大本营有好几个"宝宝兵"，你可以将他们的指纹留在同一个镜片上，并打乱顺序，然后用粉末刷显指纹。接着让他们把刚开始采集的指纹卡片和粉末刷显的指纹进行比较，看看他们是否能够识别哪个是自己的。

已完成任务

特此证明：于_____（日期），我和突击队员爸爸第一次进入了"法医学"的世界。

签名：_____

任务46：

制作弹弓

工具清单：

❶弹弓架子。最好是带 V 形叉的小树枝，大小握着舒适就

可以了。"V"形中间需要有足够宽度，至少30度，以便弹药通过。

❷松紧带。最好用乳胶橡胶手术管，你可以方便地在网上购买，而且它不容易断。你可以在网上搜索"乳胶弹弓橡皮筋"，购买穿好洞的专业橡皮筋。

❸烘干木柴：
- 微波炉。
- 厨房纸巾。
- 塑料袋。

❹牙线。

❺锯子，用来锯小树枝。

❻小刀，用来刻凹槽，或者用来剪乳胶管。

❼空的锡罐（用于打靶练习）。

警告：

　　如果你想用自制的弹弓练习打靶，那么你可以选择用石头作为弹药。在这种情况下，密切的监督是必不可少的。禁止"宝宝兵"向人开火，尤其是使用石头弹药的时候。在古代，投石车甚至被视为一个致命的武器。罗马人有一种特殊的钳子，可以将弹弓射入士兵身体的石头取出。即使你有这样的钳子，也需小心谨慎。

操作指南：

制作弹弓：

❶**寻找弹弓架子**。我推荐在地面上寻找树枝，而不是从树上砍树枝。除非你将它握在手上，不然很难判断它的形状是否适合，所以最好在树林里先搜寻一下。但是如果你需要在树上砍树枝，找一个低一点的树枝，并用一把合适的锯子小心地锯下来。

❷**确保弹弓架子是干燥的**。制作一把好弹弓，需要干燥坚硬的木柴。但如果是刚从树上砍下来的树枝，或者掉在地上的时间不久，那么它里面仍有树液。你可以将它带回大本营，然后储存起来备用，或者你可以将它快速烘干。最快的方法就是使用微波炉：

- 用干布或者厨房纸巾将弹弓架擦拭一下。
- 用干净的厨房纸巾将它包好，然后放进一个塑料袋里，不用完全封口。塑料袋不仅可以帮你判断是否已经烘干，而且还可以保护微波炉，这样以后的饭菜就不会有奇怪的气味。

- 微波炉高温烤 30 秒，然后将它取出并打开包装，让它冷却 10 分钟。接着再包起来，并重复以上步骤。如果厨房纸巾太湿的话，需要重新更换一张，并且把塑料袋里的水擦干。

- 重复以上步骤，直到完全烘干。以下状态可以帮助你确认树枝里没有水分：没有嘶嘶的声音，而且包的纸巾上没有水。

❸**弄一条凹槽**：弹叉在顶端弄一条凹槽，用来绑皮筋。

❹**剪一段橡皮筋**：这需要一定的技巧。橡皮筋需要有足够的长度，才有韧性，但是不能太长，否则弹力不够。用刀剪一段橡皮筋。

❺将橡皮筋的底部卡进 V 形叉的凹槽，**系好橡皮筋**，然后用牙线固定好，尽量系紧，最后把多出的线头剪掉。

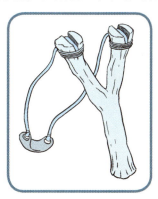

打靶练习：

用干净的锡罐作打靶练习，因为它的大小和重量刚刚好。而且被击中的时候会发出"砰"的声音，让人很有满足感。确保靶子后面没有任何易碎物品，因为它很容易弹跳。

合适的弹药：

在基地营地周围：

- 棉花糖。

- 乒乓球。

- 干海绵。

- 软球。

宽敞的户外：

- 橡子。

- 板栗。

- 鹅卵石和石块（仅在突击队员爸爸的密切监督下）。

如果在大本营，弹药需要轻而软。我女儿小的时候，打毛绒玩具是百发百中。如果在户外使用"重型武器"，确保你的"宝宝兵"明白，无论什么时候，他们都应该对自己的弹弓负责。并且请务必提前为他们做一个"安全边界"。你需要明确地告知他们，绝对不容许随意地发射子弹。

已完成任务

特此证明：于＿＿＿＿＿＿＿（日期），我和突击队员爸爸踏上了"神枪手"的路程。

签名：＿＿＿＿＿＿＿

任务47：

自制吊臂带

任务简介

- **地点**：地点不限。
- **场景**：出现急救情况前，需要掌握的技能。
- **任务**：掌握一项重要的急救技能：制作吊臂带。
- **时间**：一旦掌握，短短几分钟内就可以完成一个吊臂带。

任务要点

工具清单：

❶三角绷带。

❷练习的时候，三角形可以是任何材料，但是尽量使用弹性小一点的材料，否则胳膊会移动。

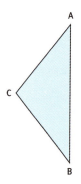

❸三角形的尺寸：大约 1 米长，但是最好长一点（你可以自己将长短调整到适合的尺寸）。

❹一名"病人"。

❺一把椅子。

操作指南：

❶**让伤者坐下**，轻轻地抱着自己受伤的手臂，如果需要额外的支撑的话，用未受伤的手臂将其托住。

❷**将三角巾的一端底角轻轻地从前臂与胸之间穿过，置于受伤的手臂后面。**
把最高点（A）放在受伤手臂的肩膀上。长边（B）的底部在非损伤臂的臀部上方。第三点（C）在受伤手臂的肘部。

❸**将三角巾的上端底角（A）绕到没有受伤一侧的颈部。**如果还需要更多的绷带，再从颈后绕到受伤一侧的颈前。
将三角巾的下端底角（B）拉起覆盖前臂，做成一个三角巾的形状。

如果伤者使用非受伤的手托住受伤的手臂，那么他现在需要将那只未受伤的手从绷带里拿出来，从外部轻轻托住受伤的那侧手臂。如果伤者需要帮忙，"宝宝兵"可以用一只手将角（A）和角（B）一起握住（保持张力），使用空出来的那只手来帮助伤者。

❹在锁骨处用方结或平结法将角（A）和角（B）系好（详见"大本营探险之任务3：打绳结"）。现在（C）处将受伤的手臂托住。

❺确保将整个手臂托住，包括受伤的那只手的小指头都被覆盖住了。

现在将多余的绷带折起来：将手肘（C）处的多余绷带拧成螺旋状，直到它恰好包到肘部位置。

❻将拧好的那段三角巾塞好。

已完成任务

特此证明：于_____（日期），我和突击队员爸爸开始学习急救技能。

　签名：_____

术语表：

任务探险术语：

后勤工作：为了确保任务能够顺利地完成，而需要做的工作和任务。

初级"宝宝兵"（JT）：5 至 9 岁的宝宝。

高级"宝宝兵"（AT）：9 至 12 岁的宝宝。

大本营：家。

基本任务探险装备：为了安全有效地探险而准备的必要工具。

伙伴互助体系："宝宝兵"合作完成任务。一个很好的例子就是帮助同伴进行迷彩伪装，这个任务很难独自完成。

迷彩伪装："宝宝兵"用枝叶将自己隐藏起来（树枝、树叶等），使自己融于背景中。

突击队员爸爸安全检查：为了确保"宝宝兵"能够安全地进行某项任务，突击队员爸爸采取的所有措施。

任务中止：在任何一个任务中，"宝宝兵"如果发现自己身处困难需要帮助，应大声喊出这条指令。

终点：最终目的地。

餐具：刀叉和勺子。

不留下任何痕迹：突击队员爸爸应尽量减少对其途经地区的影响。

短途任务：短距离外出，比如逛商店、去上学等。

中期任务：离开大本营，比如坐长途汽车、坐火车，或者乘飞机旅行。

迷你小动物：生活在你花园里的昆虫、爬虫类或两栖类、鸟类和哺乳类。

夜间任务：熄灯后进行的活动。

过早引爆：水弹还没有打中目标之前，在扔球的人的手上提前爆炸。

体育运动（PT）：任何会让你和"宝宝兵"心跳加速的活动。

侦察：侦察任务的缩写，即探查信息的任务。

茶点：茶点休息。

短途外出：书中指短距离离开大本营。

整装待发：探险前将所有的东西都准备好，并放在合适的地方。

新兵争吵："宝宝兵"之间可能发生的争吵。

待命：突击队员爸爸准备好面对以下情形：口头评论、来袭的水弹等等。

"宝宝兵"安全边界简报：在任务期间，事前向宝宝部队讲明，哪些地方或者哪些事情超出了安全边界。

小分队：家人。包括你自己的孩子、你照顾的孩子、配偶以及其他的看孩子的人。

刷新知识储备：清楚地了解所有的相关信息以及待完成的任务和行动。

长途行军：活动剧烈的长途步行。

致谢

致我的小部队：我的妻子，塔拉——始终感谢你的支持和帮助。我的"宝宝兵"，山姆，裴德，利伯蒂——写这本书让我重温了曾经的美妙探险。谢谢你们让我拥有这么多美好的回忆，期待未来我们能创造更多的美丽记忆。